어른이 되기 전 꼭 배워야 할

# 인성수업

어른이 되기 전 꼭 배워야 할
**인성 수업**

**초판 1쇄 인쇄** 2018년 4월 25일
**초판 1쇄 발행** 2018년 4월 30일

**지은이** 박찬수

**발행인** 백유미 조영석
**발행처** (주)라온아시아
**주소** 서울시 서초구 효령로 34길 4, 프린스효령빌딩 5F

**등록** 2016년 7월 5일 제 2016-000141호
**전화** 070-7600-8230 **팩스** 070-4754-2473

**값 13,000원**
ISBN 979-11-89089-11-5 03370

※ 라온북은 (주)라온아시아의 퍼스널 브랜딩 브랜드입니다.


이 도서의 국립중앙도서관 출판예정도서목록(CIP)은 서지정보유통지원시스템 홈페이지(http://seoji.nl.go.kr)와 국가자료공동목록시스템(http://www.nl.go.kr/kolisnet)에서 이용하실 수 있습니다.
(CIP제어번호 : CIP2018012421)

현직 교사가 들려주는 가르치지 않고
깨닫게 하는 인성 교육법 27

어른이 되기 전 꼭 배워야 할

# 인성수업

박찬수 지음

RAON
BOOK

# 선물처럼 다가온 아이들

"아빠는 학교에 가는 걸 너무 좋아해." "아무래도 아빤 놀려고 학교에 가는 것 같아." 우리 집 딸아이가 투덜거릴 때마다 나는 이렇게 생각해본다. "내가 만약 교사가 되지 않았으면 무엇을 했을까?"

나는 오늘도 변함없이 아이들이 등교하기 30분 전에 교실 문을 연다. 오늘은 유진이와 함께 교실에 들어선다. 민서, 예성이, 수정이, 성하, 인한이, 민아, 재희, 진희가 차례로 얼굴을 내민다. 서로 인사를 나누고 하루를 시작한다. 날씨가 영하이든 한여름이든 아이들은 늘 즐겁다.

이 친구 저 친구 번갈아가며 이런저런 이야기를 주고받다 보니 어느새 아이들이 모두 등교했다. 우리 반은 지각을 별로 하지 않는다. 집이 가까운 규리, 태규, 현호, 환길이만 확인하면 모두 등교한 것이다. 2017년 12월 어느 날 등교 시간의 풍경이다.

나는 2017년 한 해 동안도 아이들과 함께 다양한 활동을 했다. 학기 초 가정 방문을 시작으로 학생들과 벚나무 아래서의 프로그램, 세월호 분향소와 기억 교실 방문, 봄가을 두 번의 마라톤, 무박 한강변 도보 여행, 선감도 여행, 대학 기숙사에서 나흘 동안 합숙하며 독서하기, 박람회 관람, 덕수궁 관람, 금요일 밤 심야 영화 보기, 지리산 종주 등 자칫 정형화되기 쉬운 행사지만 참여하는 아이들은 해마다 다르기 때문에 항상 새로운 마음이다. 이렇게 함께 활동하고 경험하는 동안 아이들이 부쩍 자라는 듯하다. 여러모로 힘들었을 텐데, 정말 아이들이 훌쩍 성장하는 듯하다.

2014년 2월, 재학생 박윤재 어머니의 요청으로 어느 언론과 인터뷰를 했다. 인터뷰를 하면서도, 기사가 나간 뒤에도 괜히 한 것은 아닌가 하는 후회도 많이 했다. 그런데 그 인터뷰 기사를 보고 나의 인성 교육 방식을 책이라는 형태에 담아보라는 주변의 권유가 많았다. 그래서 부끄럽지만 용기를 내게 되었다.

지금 시대에 할 수 있는 다양한 교육 방법 중 내가 했던 여러 가지 방법이 학생들의 인성을 곱게 키워가는 데 도움이 될 또 하나의 방법임을 알리고 싶은 마음이 큰 까닭이다. 나는 지식 전달 위주의 교육에 갇히지 않고 학생들과 함께 걷기, 벚꽃 나무 보기, 수다 떨기 같은 활동을 하면서 자신과 자신이 속한 작은 공동체, 나아가 더 큰 사회를 생각하고 사람의 존엄함을 먼저 생각하는 아이들로 자랄 수 있는 환경을 만들고자 하였다. 아이들에게 무엇이 되라고 다그치기보다는 스스로 꿈을 찾을 수 있도록 돕고자 애쓴다. 그러기 위해서 가정 방문을 통해 부모와 함께 자녀에 대한 이야기를 나누고, 아이들과도 눈 맞추며 많은 이야기를 주고받는다. 이렇게 제자들과 경험했던 이야기를 '어른이 되기 전 꼭 배워야 할 인성 수업'이라는 제목으로 풀어놓았다.

올해로 선생이 된 지 25년이 되었다. 그 시간 동안 만난 제자들을 생각하면 고마운 마음과 미안한 마음이 교차한다.

2018년 1월 29일, 마흔 살을 넘긴 제자에게서 연락이 왔다. 오랜만에 걸려온 전화가 참 반가웠다. 제주도에서 귤 농사를 지을 거라고 하더니 마침내 실천에 옮긴 모양이다. 이미 10년 정도 묵혀둔 밭을 정리하고 농사를 준비하고 있다고 한다. 이 책이 출판될 즈음에는 귤 묘목 1,000여 주를 심었을 것이다. 묘목이 자라는 2~3년 동안 여기저기 다니며 농사일을 배우려고 한단다. 이들 부부에게 박수를 보낸다.

이렇게 졸업한 지 오래 지나도 소식을 끊지 않으며 자신의 꿈을 찾아가는 이야기를 들려주는 제자들이 꽤 많다. 그동안의 내 교육 방식이 그리 잘못되지는 않았다고 여기는 까닭이다.

나와 제자들의 이야기가 현장에서 참교육을 고민하는 교사들, 그리고 자녀의 미래를 걱정하는 부모들에게 작은 도움이라도 되기를 바란다. 많은 사람이 이 글을 읽고 보다 다양한 교육 방식 아니 삶의 방식을 함께 나누면 좋겠다.

이런 내용도 책이 될 수 있을까 하는 의문을 가지고 찾아갔을 때 선뜻 받아주었던 조영석 소장에게 고마운 마음을 전한다. 아이들과 활동을 하다 통장에 잔고가 없을 때 경제적 지원을 아끼지 않고, 며칠씩 먼 길을 떠날 때마다 조심하라며 격려해주던 아내에게도 고맙다는 말을 전하고 싶다. 학생들과 갈 여행 장소를 답사하는 데 기꺼이 시간을 내준 사랑하는 두 딸과 아들도 고맙다. 또 내가 하는 일에 항상 조언을 아끼지 않는 친구 현광일에게도 고마움을 전한다. 그리고 형제들, 서산 아우들, 처가 식구 등 모두의 응원에도 감사한 마음이 크다.

2018년 4월 수리산 자락 성문동산에서

박찬수

# 차례

머리말 선물처럼 다가온 아이들 … 06

1장
## 미래를 결정하는 가장 중요한 가르침

01 코딩? 사람이 먼저다 … 19
02 인공 지능도 사람이 조종하는 것 … 27
03 로봇 전문가 데니스 홍, 그가 인간에 관심을 가지는 이유 … 33
04 공부, 공부, 공부에 지친 아이들 … 41
05 "선생님! 저 뭐 해먹고 살아요?" … 48

2장

## 어른이 되기 전 꼭 배워야 할 인성


01 마음을 나눌 선생님이 사라지고 있다 … 57

02 아이들이 꿈을 꾸게 하려면 … 65

03 벚나무 아래 누워 보기 … 70

04 혼자 가기보다 함께 걷기 … 78

05 어떻게 살 것인가를 가르치려면 … 86

## 3장
# 사람이 먼저인 아이로 키우기

01 기다림은 사람을 성장시킨다 … 95
02 희망을 찾는 법 … 101
03 가정 방문에서 만난 부모님들의 고민 … 108
04 스펙보다 삶의 가치를 가르쳐라 … 116
05 궁궐 나들이에서 배운 장점 찾는 법 … 122

## 4장
# 가르치지 않고 깨닫게 하는 인성 교육

01 '해냈다'는 소중한 감정을 알려준 단축 마라톤 … 131
02 서로 의지하는 법을 배운 도보 여행 … 138
03 함께 밥 먹을 때 진심이 전달된다 … 145
04 메모로 마음 전하기 … 150
05 한복 입고 교단에 서는 선생님 … 155
06 군대 간 제자의 면회를 가다 … 160

5장

## 함께 공감하고 경험하며 사람됨을 배우는 교실

01 정치 현장에서 역사를 배우다 … 167

02 어려움을 이기는 법을 익히는 지리산 여행 … 172

03 서로의 소중함을 느끼는 졸업 여행 … 180

04 세상을 보는 눈을 키우는 영화 감상 … 189

05 몸을 움직이며, 운동으로 소통하다 … 195

맺음말 담임쌤으로 만난 고마운 아이들 … 201

【 1장 】

# 미래를 결정하는
# 가장 중요한 가르침

## 01
# 코딩?
# 사람이 먼저다

2015년 교육부에서 '소프트웨어 중심 사회를 위한 인재 양성 추진 계획'을 발표한 후 국내에서 '코딩 교육'에 대한 관심이 높아지고 있다.

2016년 5월 16일, 모 방송에서 소개된 코딩coding 유치원은 3살부터 5살까지 코딩에 필요한 영어를 익히고, 6살부터 실전에 들어간다고 한다. 수강료는 한 달에 약 200만 원이다. 미국 명문대에 다녀오는 일주일 코딩 캠프의 참가비는 800만 원에 달한다.

서울특별시교육청 등록 학원 교습소 현황(2017년 4월 30일 기준)을 분석한 '사교육걱정없는세상'의 자료를 들여다보자. 코딩 과목을 개설한 학원은 2015년에 2개였으나 2017년에 16개로 증가했으며, 교습소는 2015년 1개에서 2017년 9개로 증가했다. 가장 많이 증가한 서초구는 2015년에는 코딩 학원이 확인되지 않았으나 2017년에 10개 33과목을 신규 등록한 것으로 나타났다.

코딩 수업은 대체로 컴퓨터 학원에 가면 배울 수 있지만 일부 코딩 전문 학원이나 로봇, 블록을 가르치는 학원에서도 수강할 수 있다. 최근에는 수학 학원에서도 코딩 과목을 운영하고 있다. 코딩 교육의 대상은 초·중·고등학생뿐 아니라 유아까지 확대된 실정이다.

2017년 고등학교 2학년 자연계 학생들과 코딩에 관해 이야기를 나누어보았다. 많은 학생이 '코딩'을 '컴퓨터 프로그램'이라고 하거나 '소프트웨어'라고 알고 있었다.

로봇 공학도가 꿈이고 전국로봇대회에 출전하여 대상을 수상한 남택권 군은 코딩을 이렇게 정의했다.

"코딩은 체계적인 컴퓨터식 사고방식으로 컴퓨터 프로그래밍(프로그램을 작성하는 일)을 통해 소프트웨어 등을 만드는 것이며, 소프트웨어(사람의 뇌)는 코딩이라는 작업을 통해 만들어진 컴퓨터식 문제 해결과 활동을 위한 프로세스(과정) 매뉴얼이다."

그렇다면 왜 코딩 열풍이 부는 걸까? 아마도 정부에서 2018년부터 의무적으로 '소프트웨어 활성화 교육'을 실시하게 되면서 나타나는 현상일 것이다.

아무래도 자연계 고등학생들이라서 그런지 여기저기서 말들이 쏟아진다. "문제는 인프라가 구축되지도 않은 상황에서 학교 교육 과정으로 대비할 수 없는 '정보 올림피아드 대회' 수상 실적이나 '소프트웨어' 실기 고사 등의 전형 요소를 가지고 '소프트웨어 특기자 전형'을 대입 제도로 신설하고 있다는 거죠. 이를 대비하려고 많은 학원에서 관련 과정을 개설하고 있는 것 같아요." 남택권 군의 이야기다.

이런 상황이다 보니 입시 대비를 위한 학원뿐 아니라 '코딩 유치원'까지 등장하는 경우가 벌어지고 있는 것이다.

우리는 이미 많은 변화를 경험하고 있다. 『5:5:5 코딩 교육』(신철헌, 2017)에 따르면 몇 년 전까지만 해도 하드웨어(HW, 사람의 몸인 기관에 비유) 중심의 회사인 IBM, HP, 파나소닉Panasonic, 제록스Xerox, 소니Sony가 컴퓨터 시장을 주도하고 있었다. 그러나 어느 순간 하드웨어 성능이 일정 수준으로 올라가면서 변화의 속도가 둔화되어갔다. 그러더니 새로운 가치 창출이 가능한 소프트웨어(SW, 사람의 뇌에 비유)가 새로운 성장 동력으로 주목 받기 시작했다. 즉 마이크로소프트MS, 구글Google, 페이스북Facebook, 알리바바Alibaba, 아마존Amazon 등 소프트웨어 기업이 코딩으로 빛을 본 대표적인 기업이다.

또한 스마트폰, 자동차, 가전제품 등 현재 우리의 삶과 관련 있는 거의 대부분의 하드웨어 영역이 이미 소프트웨어와 밀접하게 연결되어 있다. 사람, 사물 등 모든 것이 서로 연결 가능한 사물인터넷IoT이 기반이 되는 미래 사회에는 소프트웨어의 중요성이 더욱 커질 것으로 전망하고 있다.

이러한 변화에 대응하기라도 하듯 각국은 코딩 교육에 관심을 기울이기 시작했고, 이미 한쪽에서는 시작하고 있었다. 미국, 독일, 영국, 중국, 일본 등뿐 아니라 터키, 인도 등에서도 저학년에서 대학까지 코딩을 포함한 소프트웨어 교육을 통해 전문 인재를 양성하여 국가 경쟁력을 높이고자 다양한 정책과 투자를 진행하고 있다.

세계경제포럼World Economy Forum, WEF은 저명한 기업인, 학자, 정치가, 저널리스트 등이 참여하는 최대 규모의 국제 민간 회의다. 매년 스위스 다보스에서 개최되어 일명 다보스포럼으로 불린다. 2016년 1월에 열린 WEF 연차 총회에서 포럼의 창립자이자 회장인 클라우스 슈밥Klaus Schwab은 사상 처음으로 과학 기술

분야를 의제로 선택했다. 디지털 혁명을 기반으로 21세기에 이르러 시작된 제4차 산업혁명은 규모와 속도, 범위에서 기존의 산업혁명과는 비교할 수 없는 변화가 예상되므로, 인류가 마주하게 될 기회와 도전 과제를 깊이 있게 살펴보자는 것이었다.

포럼 참석자들의 통찰과 아이디어, 그리고 미래 전략이 집약된 클라우스 슈밥의 『제4차 산업혁명』(새로운현재, 2016)은 핵심 주제인 경제와 과학 기술을 비롯, 교육, 행정, 안보, 문화 등 사회 전 분야를 아우르는 매우 광범위하고 포괄적인 내용을 다루고 있다. 클라우스 슈밥의 말대로 '엄청난 가능성과 잠재적 위험성을 동시에 지닌' 제4차 산업혁명. 이를 성공적으로 이끌기 위한 논의가 이 책에 담겨 있다.

이 책에 따르면 제4차 산업혁명은 인공 지능과 로봇, 디지털과 사물의 결합, 바이오 분야의 혁신 등으로 집약할 수 있다. 급격한 기술의 발전으로 인한 산업의 발달과 함께 생활 전반에 걸쳐 일어날 변화를 서술하고 있는 이 책은 제4차 산업혁명으로 이야기되는 일련의 변화는 위기이며 기회가 되었다고 말한다. 너도나도 이 기회를 잡기 위해 코딩을 익히고 프로그램을 개발해야 한다는 것이다.

요즘 우리 주변에는 미래 사회와 관련된 이야기가 넘쳐나고 있다. 특히 '미래 사회', '제4차 산업혁명', '지능 정보 사회' 등은 최근 개최되고 있는 각종 학술 행사나 강연의 단골 주제가 되어가고 있다.

이러한 예측 안에서 미래 사회는 희망적이기보다는 인간의 노동력을 대체할 수 있는 인공 지능의 등장으로 다소 어둡고 불안하며 때로 절망적이다. 특히, 고용 불안에 대한 위기의식은 오늘날도 문제되고 있는데, 앞으로는 어떻게 고용 문제를 해결해야 할까 의문스럽다. 인재를 육성하는 '학교'라고 하는 교육 기관에 찾아온 위기의식도 못지않다. 어떤 교육 과정과 제도, 어떤 교육 체계를 세워야 제4차 산업혁명 시대를 잘 헤쳐나갈 수 있는가? 이 문제를 논의할 때면 불안하고 절망적인 것은 매한가지다.

앞으로 최첨단의 컴퓨터와 AI 로봇, 사물인터넷, 빅 데이터 분석 등으로 사람이 하는 능력 이상을 컴퓨터가 스스로 해낼 것이다. 컴퓨터가 인간이 하던 활동을 대신해서 수행하려면 컴퓨터에 누군가가 명령을 입력해야 한다. 컴퓨터가 명령을 이해하도록 컴퓨터의 언어로 말을 해야 한다는 것이다. 이렇게 컴퓨터의 언어를 사용해서 프로그램을 짜는 것이 바로 '코딩'이다.

예를 들면 공개된 각 지역의 버스 노선표를 이용해 실시간

버스 도착 알림 어플(소프트웨어)을 만드는 것도 코딩이다. 소비자가 원하는 서비스나 제품까지 쉽게 만들 수 있는 장점을 지닌 코딩 교육은 그래서 창업 붐으로 이어지고 있다.

게임을 하는 아이들이 소프트웨어(게임)를 만들 수 있다는 아주 희망적인 말이 나오고 있다. 이 이야기를 들으면서 2017년 9월 전 세계 10대들 사이에서 유행하며 큰 논란이 되었던 〈흰수염고래Blue Whale〉 게임의 관리자가 17세 소녀였다는 사실을 기억한다.

이 게임은 50일간 50개의 미션을 해결하는 방식으로 진행된다. 게임을 해본 사람이라면 알겠지만 이 게임에 발을 들여놓는 순간 빠져나가는 것은 거의 불가능하다. 미션을 수행하는 과정에서 해당 미션을 받아들이지 않으면 참가자의 신변은 물론 가족의 안전까지 위협받기 때문에 참가자는 결국 관리자가 시키는 대로 인증 샷을 찍어 보내야 한다. 마지막 미션을 달성하는 순간, 최종적으로 자살을 선택하는 게임이 〈흰수염고래〉다. 이 게임의 피해자는 20개국 수백 명의 아이들이었다.

코딩이 대세를 이루고 있는 상황이지만 신문 기사를 통해 접하는 내용은 매우 염려스럽다. 유치원에 다니는 아이들 중 유사 자폐로 분류될 만한 아이들이 늘고 있고, 감정 통제가 되지 않는 아이들도 생각보다 꽤 많다고 한다. 이런 점에서 유아 교육 기관에서 기본적인 감성 교육과 인성 교육을 더욱 중요하게 여겨야 할 것이다.

비단 유아들만의 문제는 아니다. 중고등학교 교실에서도 이전의 아이들과 다르게 자신의 감정을 통제하지 못하는 경우가 종종 발생하고 있다. 이는 결국 교사와 충돌이 벌어지는 상황으로 이어지고 만다.

미래 사회를 살아가기 위해 코딩을 익히려고 기계적인 언어를 익히고, 기계적인 감성을 이해하는 것도 물론 중요하다. 하지만 이보다 앞서 우리 학생들은 인간과의 관계인 우정, 사랑, 협동 등 인간이 살아가면서 가져야 하는 감성들을 배워야 할 것이다. 미래는 인간이 살아가야 할 세상이다. 기계가 살아가는 세상이 아니라 인간이 함께 더불어 살아가는 세상이다. 그러려면 인간적인 면을 잊지 말아야 한다.

## 02
# 인공 지능도 사람이 조종하는 것

가상현실, 지능 로봇, 사물인터넷, 제4차 산업혁명의 중심에 거대한 두뇌 역할을 할 인공 지능Artificial Intelligence, AI은 거스를 수 없는 시대의 거대한 흐름이다.

인공 지능이란 무엇인가? 사고나 학습 등 인간이 가진 지적 능력을 컴퓨터를 통해 구현하는 기술이다. 통계청에 따르면 해가 갈수록 생산에 종사하는 인구는 줄어들고 부양해야 할 인구는 증가한다. 2018년부터 우리나라는 노령 사회에 진입한다. 우리나라뿐 아니라 전 세계적으로 인간의 수명은 늘기 시작했고, 반대로 노동 인구는 줄기 시작했다. 고령화와 저출산으로 인해 사람들의 선호도가 낮은 3D 업종과 재난 구호 업종, 맞벌이 베이비시터 등은 인공 지능이 사람을 대신하게 될 상황에 직면한 것이다. 이렇게 인간이 하기 힘든 일이나 어려운 일을 대신한다는 이야기는 참 좋다.

그러나 미래 사회를 이야기할 때 가장 두려워지는 것은 아마도 직업군의 변화일 것이다. AI 로봇에 의해 대체될 직업이 어느 정도일까? 10~20년 사이에 사라지는 직업이 공교롭게도 현재 인기 있는 직업들의 50% 이상이라는 전망이다.

인공 지능은 우리의 삶에서 아주 동떨어진 기술은 아니다. 이미 아주 가까이에 와 있다. 우리가 매일 사용하는 스마트폰에도 인공 지능 기술이 들어가 있다. 카메라의 초점을 자동 조절하는 '얼굴 인식' 기능과 애플의 시리Siri 같은 '음성 인식' 기능을 대표적으로 꼽을 수 있다. 이 기능들은 인간의 개입 없이 인간이 의도하는 바를 '알아서' 처리한다. 이런 기능을 하는 모든 매개물을 우리는 인공 지능이라 부를 수 있다.

그 밖에 인공 지능이 우리에게 주는 혜택을 찾아보자. 인터넷 검색을 할 때 검색어를 자동으로 추천해주는 기능이나 유튜브에서 외국 영상을 보면 자동으로 한글 자막이 생성되는 것 등이 이에 해당한다. 자동차, 전기밥솥, 식기 세척기, 엘리베이터까지 인공 지능을 선전 문구로 내세운 상품은 이미 우리 주변에서 흔히 찾아볼 수 있다.

얼마 전 세계 최초의 시민권자 AI 로봇 '소피아Sophia'가 그 모습을 드러냈다. 그 로봇은 "건물에 불이 나면 누구부터 구해야 하느냐"는 질문에 "그런 윤리적인 판단 프로그램이 없다. 문 가까이 있는 사람부터 구하겠다"는 논리적인 답을 내놓았다. 결국 기계는 사람의 '상황의 미묘함'이라는 본질적 문제 해결 능력이 없음을 보여주었다. 아무리 과학 문명이 우리를 보다 나은 세상으로 이끌고 있지만 인간다운 판단, 인간다운 태도는 수백 가지 표정과 기능을 탑재해도 절대 따라올 수 없다.

세계 산업 로봇 시장의 50%를 점유하고 있는 로봇의 나라, 일본의 경우는 어떨까? 「한겨레」('아이보' 반려 로봇으로 부활, 2017년 11월 6일 자)에서 읽은 흥미로운 기사를 소개한다.

"소니는 1999년부터 세계 최초 감성 지능형 로봇 '아이보AIBO'를 제작하고 판매하며 6년간 다섯 차례에 걸쳐 모델을 업그레이드했다. 25만 엔(약 244만 원)이란 가격에도 단기간 선풍적인 인기를 이어갔지만 추가적인 수요가 없어 2006년 초 사업을 접었다. 그랬던 소니가 반려견 로봇 아이보를 들고 12년 만에 돌아왔다.

어안 렌즈를 장착한 아이보는 외부 환경을 시각 정보로 받아들이고 눈빛으로 주인과 감정을 표현한다. 여기에 음성과 함께 귀와 꼬리를 움직여 반응한다. 사람과 커뮤니케이션을 통해 칭찬, 미소, 머리를 쓰다듬는 행위를 감지해 어떤 반응이 주인을 만족하는지 기억한다. 호기심을 장착해 주인이 먼저 말을 걸지 않아도 주인을 찾아 나서기도 한다. 감성이 담긴 반려견 로봇 아이보는 2017년 11월 예약 판매 30분 만에 매진되었다. 그리고 2018년 1월부터 시판에 들어갔다."

2015년 6월 14일부터 방영된 영국의 〈휴먼스〉라는 드라마에선 가사 보조, 재활 치료, 요양 보호사, 신문 판매원, 생산직, 사무직, 농부 등 인간이 그간 해오던 일들을 AI 로봇이 상용화되어 대체하고 있는 모습을 그리고 있다.

인간을 대신해 모든 일을 하는 AI 로봇들이 등장한다. AI 로봇은 집 안에서 한 사람의 몫이 아니라 모든 가족의 몫을 담당한다. 요리 하기, 장보기, 아이 돌보기 등 인간이 해야 할 일을 미리 알고 처리하니 놀라운 일들이 벌어진다.

로봇이 아내의 역할을 대신하니 아내로서 소외되고, 로봇이 어머니의 역할을 대신하니 어머니로서 소외된다. 남편도 예외는 아니다. AI 로봇으로 인해 인간 개인의 정체성에 의문과 회의를 가지게 된 것이다.

AI 로봇에는 사람의 마음이 들어 있다. 가족을 생각하면서 집안일을 하는 가사 도우미 로봇, 허리를 다쳐서 움직이지 못하는 환자의 마음으로 재활 치료를 도와주는 재활 치료 로봇, 나이가 들어 기력이 쇠해가는 노인을 배려해주는 요양 보호 로봇, 거리에서 계절에 상관없이 신문을 팔고 있는 신문 판매 로봇, 공장에서 하루 종일 서서 단순한 일을 반복하는 생산 로봇, 사무실 의자에 앉아 업무를 보는 사무 로봇, 과일을 먹게 될 사람들을 생각하며 깨끗한 농작물을 재배하는 농부 로봇, 핵가족의 일원으로 살아가는 인간이 친구인 애완 로봇 등을 떠올려보라. 이 AI 로봇에게는 사람이 불편하고 힘들어하는 것을 대체했으면 하는 마음이 들어 있다.

그렇다면 인간이 중요하지 않을까? 인간이 어떤 마음을 가지고 있느냐에 따라 관련 AI 로봇이 만들어지니 말이다. 서로를 배려하고, 사랑하고, 더불어 살아가는 마음을 모든 사람이 가지고 있다면 아마 인간에게 해로운 AI 로봇은 없을 것이다.

인공 지능도 인간의 존재에 관한 문제라는 생각이 든다. 인간 세상에 전쟁이 없다면 전쟁 로봇은 만들어지지 않을 것이다. 따라서 우리는 인간에 관한 이야기를 해야 한다.

요사이 이유 없이 불특정 대상을 상대로 행해지는 살인 등의 범죄 행위가 종종 발생한다. 강남역 살인 사건(2016)이나 숭례문 방화 사건(2018)처럼 범행의 동기와 대상 사이에 논리적인 인과 관계가 분명치 않은 범죄다.

평범한 사람으로서는 이해가 잘 되지 않는 일이다. 최근 정보 산업의 눈부신 발전으로 인하여 우리의 삶이 윤택해졌지만 소통의 단절과 정신적 고립 등 여러 이유로 인한 묻지 마 범죄, 가정 폭력, 살인 등의 강력 범죄에서 자유롭지 못한 것이 우리 사회의 현실이다.

우리 인간은 기계를 다루기 위해 기계적인 감수성을 배우고 있다. 그러다 보니 사회적 관계는 점점 축소되어가고 우리는 인간으로서의 감수성을 잃어가고 있다. 인간의 감수성을 찾아야 하고, 알아야 하고, 배워야 한다.

## 03
# 로봇 전문가 데니스 홍, 그가 인간에 관심을 가지는 이유

우연한 기회에 로봇 박사 데니스 홍Dennis Hong을 알게 되었다. 데니스 홍은 과학자가 되려는 어린 학생들의 우상이다. 그는 특히 어린아이들을 대상으로 한 강연이나 모임을 우선순위에 두고 있다.

데니스 홍은 「파퓰러 사이언스Popular Science」가 선정한 젊은 천재 과학자 10인에 속한다. 이 잡지는 미국에서 격월간으로 발행하며 1872년에 창간되어 유서가 깊다.

무인 자동차를 시각 장애인이 운전할 수 있는 자동차로 개량한 데니스 홍은 「워싱턴 포스트The Washington Post」를 비롯해 CBS, NBC, BBC, NHK 등에 크게 소개됐다. 「워싱턴 포스트」는 이

자동차를 '달 착륙에 버금가는 성과'라고 보도했다. 이 성과 덕분에 미국립과학재단NSF의 '젊은 과학자상', 'GM 젊은 연구자상', '미국자동차공학회SAE 교육상' 등을 수상했다.

그리고 생명을 구하는 화재 진압용, 재난 구조용 휴머노이드 로봇을 개발하며 로봇과 인간의 아름다운 공존을 위한 가슴 따뜻한 기술을 고민하는 공학자로, 어린 시절부터 꾸던 꿈을 지속적으로 실현해가고 있다.

휴머노이드Humanoid란 사람을 뜻하는 'Human'이란 단어와, '~와 같은 것'이란 의미를 가진 접두사 'oid'의 합성어다. 즉 '사람 같은 것'이라는 말이다. 말 그대로 휴머노이드는 외모가 사람과 비슷하고 두 발로 걷는 로봇이다. 특히 두 발로 걸을 수 있으며 두 팔이 달려 있어 손으로 조작할 수 있는 기능을 가진 로봇을 지칭하는 말로 널리 쓰인다.

데니스 홍이 개발한 3개의 발이 엉키지 않는 보행 로봇 '스트라이더strider'는 공원에서 한 아주머니가 여자아이의 머리를 땋아주는 모습에서 시작되었다. 세 가닥의 머리 가닥이 순차적으로 교차하는 모습에 착안하여 이 세상에 없는 보행법을 개발한 것이다. 데니스 홍 교수가 개발한 스트라이더는 2개의 다리가 동시에 지면에 붙어 있고 하나의 다리를 들어 올리는 구조를 택하고 있다.

'아메바 로봇'은 아메바가 움직이는 원리와 젤리 형태의 장난감에서 착안하여 완성한 딱딱하지 않은 물렁한 형태의 로봇이다. 이 로봇은 연구자가 움직임을 자유롭게 제어할 수 있는 것이 특징이다.

자연사박물관에서 선사 시대 사슴의 관절을 보고 부드럽게 움직이는 인공 관절도 개발했다. 미국 최초의 휴머노이드 로봇 찰리를 만들기도 했다. 유튜브에서 들은 대니스 홍의 강의 중 인상 깊었던 말들이 소개한다.

"2004년 처음 휴머노이드 다윈을 만든 후 매해 정교하게 업그레이드했다. 사람이 걷는 것과 똑같이 걷는 2족 보행 로봇인 다윈은 무선 조종 없이 스스로 공을 인식하고 어떻게 공을 넣을지 생각해서 공을 찬다. 사람의 지시 없이 스스로 움직이기 때문에 다윈이 왜 그렇게 움직이는지는 나중에 컴퓨터로 연결해서 분석해봐야 알 수 있다."

다윈이 여러 번의 업그레이드를 거쳐 똑똑해지자 교육용이나 사업용으로 다윈을 쓰겠다는 주문이 쇄도했다고 한다. 로열티를 받고 팔면 엄청난 돈을 벌 수도 있었지만 데니스 홍은 다윈의 진화된 버전을 만들어 온라인에 무료로 공개했다.

어마어마한 돈을 거머쥘 수 있는 기회를 왜 그는 잡지 않았을까? 데니스 홍은 '애초에 내가 이걸 왜 시작했지?'를 생각했다고 한다. 그러자 바로 답이 나왔다고 한다.

데니스 홍이 인터넷에 다윈을 공개한 후 1년 동안 전 세계에서 300개 이상의 다윈이 만들어졌다. 실험용으로 또는 연구용으로 많은 대학과 연구소에서 다윈의 오픈 소스를 활용한 것이다. 데니스 홍은 다윈의 소스 코드를 무료로 공개하는 'DARwIn-OP$_{\text{Open Platform}}$' 프로젝트를 '가장 임팩트가 컸던 프로젝트'로 꼽았다. 자신의 지적 결과물을 단순히 공개하는 데서 그친 것이 아니라, 이를 통해 얻은 연구 결과도 무료로 공개한다는 원칙을 바탕으로 로봇학계 전체의 발전에 이바지할 수 있었다.

휴머노이드 로봇과 관련 있는 유명한 일화를 소개해보겠다. 데니스 홍은 시각 장애인 자동차 대회에 참가한 적이 있다고 한다. 사전 미팅 장소에 가보니 참가자가 데니스 홍 박사 혼자였다.

시각 장애인들이 직접 판단하고 움직일 수 있는 자동차를 두고 '기술적으로 불가능하다'거나 '시각 장애인이 무슨 운전이냐'면서 아무도 도전하지 않은 탓이다. 그는 항상 "안 된다는 가정

하에 하면 아무것도 할 수 없다"고 말한다. 주위에서 모두가 안 된다고 할 때 자신이 해내겠다는 생각으로 이 일에 도전했다고 한다.

시각 장애인용 자동차를 만들기 위해 데니스 홍이 처음 한 일은 눈이 안 보이는 불편함을 직접 겪어보는 것이었다. 하루 동안 할 생각으로 시작했지만 "10분조차 견디기 힘들었다"고 술회했다. 그 길로 시각 장애인 쉼터를 찾아갔고, 2박 3일간 시각 장애인들과 함께 지내면서 그들을 이해하고자 애썼다고 한다.

"시각 장애인들이 우리와 똑같은 사람이라는 것, 우리와 똑같이 행복을 누릴 자격이 있다는 것을 알게 되었습니다. 그전에는 대체 어떤 아이디어로 이 기술을 가능하게 할 것인지 떠오르지 않았습니다. 그런데 시각 장애인과 더불어 지내면서 이해해보니 아이디어가 떠올랐습니다."

마침내 완성된 자동차를 시각 장애인이 직접 타보던 날, 이날이 데니스 홍의 인생을 바꾸었다.

"시험 운전을 한 후 행복해하는 시각 장애인의 얼굴을 보았습니다. 평생 잊을 수 없는 표정이었죠. 내 삶을 뒤바꿔놓은 순간이기도 했습니다. 내가 한 사람을 이렇게까지 행복하게 만들 수 있다는 것에 가슴이 벅차올랐습니다."

이후 데니스 홍은 인간을 위한 로봇을 만드는 데 더욱 박차를 가했다.

데니스 홍은 '왜?'라는 호기심에서 출발해 '번뜩이는 순간'을 놓치지 않고, '생각의 틀을 깨는 아이디어'로 로봇의 패러다임을 재편성했다. 그의 재능은 바로 궁금증과 호기심에서 출발한다고 할 수 있다.

어린 시절 데니스 홍은 기계의 작동 원리가 궁금해 집 안에 있는 가전제품을 뜯어 내부를 면밀히 관찰하며 하루를 보냈다고 한다. 이런 아들의 보면서 부모는 단 한 번도 야단치지 않았다. 그런 부모 덕분에 데니스 홍은 행복한 어린 시절을 보낼 수 있었다고 회상한다.

그랬기에 아마도 지금까지 단 한순간도 호기심을 버리지 않고 살아올 수 있었던 것은 아닐까? 그래서 데니스 홍은 지금 더 많은 이에게 '행복'을 전할 수 있는 것이다.

데니스 홍은 어린 아들과 놀기를 좋아한다. 그는 아들이 자기처럼 개구쟁이로 자라기를 바란다. 어린 시절 형성된 인성이 중요하다고 생각해서 그렇다.

데니스 홍은 강의를 하거나 이야기를 할 때 가족을 자주 언급한다. 특히 아이의 호기심 섞인 질문에 대해 바로 답을 하기보다 스스로 답을 찾도록 유도한다. 처음에는 아이가 묻는 질문에 경험과 지식을 섞어서 설명해주지만, 끝없이 이어지는 "왜?"에 대한 답은 결국 "왜 그럴까?", "그건, 아빠가 널 사랑하니까"로 결론 맺는다. 데니스 홍은 어른과 아이가 서로 사랑하면서 살아가야 함을 말하려고 한다. 그래야 건강하고 좋은 로봇을 만들 수 있기 때문이다.

데니스 홍은 창의력을 계발하려면 다양한 것을 많이 경험해보라고 말한다. 하나의 방법으로 여행을 추천한다. 나도 여행을 권하고 싶다. 여행은 매일 만나는 사람으로부터, 매일 하는 일로부터, 매일 먹는 음식으로부터, 매일 하는 생각으로부터 벗어나 다른 곳에서 새로운 나를 만나게 한다. 여행은 관계없는 것들과 나를 새롭게 연결시켜준다.

여행은 주로 가족과 함께 가는 경우가 많다. 가족과 함께 누워서 보았던 밤하늘의 별은 아이에게 하늘의 별처럼 많은 꿈을 꾸게 할 것이다.

나는 여행은 가족과 함께 가든, 친구와 가든, 혼자서 가든 상관없다고 생각한다. 다양한 형태의 여행을 경험하면서 새로운 사람을 만나고 부대끼며 관계 맺기를 바란다. 특히 일주일, 2주일, 1개월처럼 장기간 여행을 해보라고 권하고 싶다. 그래서 자기와 전혀 다른 사람과 만나고 소통하면서 어우러져 살아가고 있음을 이해했으면 한다.

결국 데니스 홍은 궁금증과 호기심으로 시작된 만남이 인간에 대한 관심과 사랑으로 발전하고, 인류의 미래에 대한 희망으로 이루어가고 있음을 말하고자 한다.

우리는 아이들에게 호기심을 가지게 하기 위해 마주 보며 만나야 하고, 함께 걸어가며, 동행해주어야 한다.

## 04
# 공부, 공부,
# 공부에 지친 아이들

학생들이 머무는 공간을 구분하기는 애매하다. 그러나 일반적으로 가정과 학교, 학원 그리고 휴식(유흥) 공간으로 구분할 수 있겠다. 학생들은 학교와 입시를 준비하는 공간이라고 할 수 있는 학원 등에서 대부분의 시간을 보내고 있다.

주로 아이들이 머무는 공간에서 문제가 발생한다고 할 수 있다. 어느새 학교에서 가르치는 교육 과정은 아이들과 거리가 멀어져 있다. 많은 가정에서는 좋은 대학에 진학시키기 위해 혈안이 되어 있다. 그러니 아이들은 지쳐간다.

부모들은 아이들을 공부하는 기계로 보는 것 같다. 부모들과 상담하다 보면 자신들은 아이들에게 부담을 주지 않고 있고 자유롭게 키웠다고 한다. 그러나 막상 진학 문제를 언급하면 말이 확연히 달라진다. 서울 소재 대학에 진학하기를 바라는 것이 보통 부모의 마음이다. 결국 부모들의 이야기를 듣다 보면 서울에 있는 대학에 진학하는 것을 전제로 자유롭게 키우고 있다는 것이다.

몇 가지 사례를 들어보겠다.

진경이는 등교하자마자 일단 잠부터 잔다. 선생님들이 수업 시간에 깨우면 아프다는 핑계를 대면서 다시 엎드린다. 아프다는데 어쩌겠나. 2~3교시까지 잠을 자고, 화장을 시작한다. 수업 중에 선생님들의 시선을 피해가며 4교시까지 화장을 하고 점심을 먹는다. 그리고 오후 수업이 끝나면 화장은 완성이 되어 있다.

하교하면서 진경이는 집으로 가는 것이 아니라 카페로 발걸음을 옮긴다. 친구들을 만나 수다를 떨다가 저녁을 해결하고, 네일아트 학원(학원을 빼먹는 경우가 많았다)에 가기도 하고, PC방에 가기도 하고, 영화를 보기도 한다.

매일 오후 시간에 무엇을 할 것인가가 고민이다. 어떨 때는 집이나 학교에서 좀 먼 곳으로 놀러 가기도 한다. 이상하게 생각될지 모르지만 이 정도면 아주 양호하다. 그리고 오후 시간을 같이 보낼 친구들을 하나둘 사귄다. 그러다 아르바이트를 시작하게 되었고, 주말이면 가끔씩 술도 입에 댄다. 물론 담배도 가까이 한다.

나는 진경이와 이야기를 많이 했다. 이해가 될지 모르지만 진경이는 자신의 생활이 불안하고 미래가 걱정이 된다고 했다. 그런데 매일 그 불안이 엄습하게 되니 친구들을 만나 수다를 떨거나 같이 놀기도 하면서 잊으려고 하는 것이다. 그래도 무엇인가를 모색하고 있지만 교과 시간과 자신이 계획하고 준비하는 것과는 관계가 없어서 학교 공부는 전혀 관심이 없다. 그렇다고 선생님들을 미워하거나 악감정을 가지고 있지는 않다.

영순이는 아무하고도 이야기하지 않는다. 영순이는 몇몇 친구와 이야기하지만 점심을 같이 먹을 정도의 최소한의 이야기만 한다. 교과 선생님들께 부탁해 말도 걸어보고 살펴달라고 했지만 아무와도 이야기를 섞지 않고 고개만 끄덕이는 정도였다.

가정 방문해서 부모와 이야기를 하다 보니 놀라운 사실을 알게 되었다. 집에서는 자기 방에 틀어박혀 나오지를 않는다고 한다. 밥도 자기 방에서 혼자 먹는다고 한다. 어디에서부터 잘못되었을까?

부모님과 이야기해서 전문의에게 상담을 하라고 했더니, 병원에 가면 자기 이야기를 잘한다고 했다. 아마도 자신과 이야기가 할 만한 사람이 없다고 생각하는 것 같았다.

상훈이는 모범생에 속한다. 친구들의 신뢰를 얻어 반장도 하고 학급 일도 잘 처리하며, 공부도 잘하는 데다 운동도 꽤 한다. 그런데 상훈이 말에 의하면 집에서 칭찬을 받아본 적이 없다고 한다. 한 문제를 틀려 95점을 받으면 왜 한 문제를 틀렸냐고 야단을 들었다고 한다. 성적이 좋은 편이라 기분 좋게 성적표를 부모님께 보이면, 조금만 더했으면 되는데 왜 이것밖에 못했냐고 항상 핀잔을 들으니 미치겠다고 한다.

상훈이는 '청소년 행동 특성 검사'에 의하면 '관심군 상담 대상 학생'이다. 아무리 생각해도 상훈이는 '관심군 대상 학생'이 아닌데 조사 결과는 그렇다. 나와 이야기를 많이 하는 사이이고 여행도 같이 다니면서 친하게 지내지만 죽고 싶다는 생각이 든다고 한다. 밖에서는 인정받는데 칭찬에 인색한 부모를 만나 마음고생을 하는 것이다. 어머니에게 상훈이한테 칭찬 좀 많이 해주라고 하니, "칭찬을 많이 하고 있다"고 한다. 아무래도 상훈이와 어머니 사이의 간극이 너무 큰 것 같다.

때로 아이들 중에 몸살이라며 조퇴를 해달라고 하는 경우가 있다. "조금 참으면 안 될까?"라고 하면 "병원에 들러서 쉬었다가 영어 학원과 수학 학원에 가야 한다"는 답이 돌아온다. 학원에 가려고 조퇴를 해야 하다니!

과연 학교가 가지고 있는 기능은 무엇일까? 이런 형식의 조퇴는 이제 흔하다. 그래서 학급에서 결석이나 조퇴, 지각이 없는 날이 없을 정도다.

특히 대학을 진학하는 데 병결(질병으로 결석)이나 질병 조퇴는 지장을 받지 않으니 이런 일이 빈번하게 발생하는 것이다. 병결도 병원에 가서 진료를 받았다는 증거만 있으면 무조건 처리되니 방법도 쉽다. 실제로 병원 진료증을 제출하고 며칠간 악의적인(?) 의도로 결석하는 경우도 있다.

예능을 전공하는 아이들은 어떤가. 부모가 오전 수업을 하고 오후에 예능 관련 학원에 가야 하니 조퇴를 시켜달라고 한다. 그래서 규정상 무단 조퇴로 처리해야 한다고 말한다. 그랬더니 무단은 안 되고, 질병 조퇴를 해달란다. 근거가 없으면 질병 조퇴를 할 수 없다고 선을 그어 말했더니 병원의 진료 확인서를 받아 제출하고야 만다. 실제로 매일 병원에 들러 진료 확인서를 받아 제출하니 무엇이라 할 수도 없었다. 참다못해 나는 부모에게 "옳지 않은 방법으로 대학에 보내서 어떤 아이로 만들려고 하려느냐?"고 했다. 그랬더니 부모는 묵묵부답이다.

그리고 나는 조퇴를 시키지 않았다. 학교는 그저 적을 두고 졸업장을 만들어주는 학원보다 못한 곳이라는 생각을 가진 부모들이 적지 않다. 그러다 보니 교사들과 충돌하는 것이다. 아이들은 교사를 학원 강사와 비교하기도 한다. 학교의 교사는 과연 무엇인가?

수행 평가나 시험을 보면 백지로 제출하는 경우가 한 학급의 30명 중 5~6명 정도다. 남녀 학생 가릴 것 없이 15~20%의 학생들은 수업을 듣지 않고 잠을 자거나 떠든다. 그러면 대부분의 학부모들은 교사에게 문제가 있다고 하겠지만 반드시 그런 것만은 아니다.

교사에게 문제가 있기도 하지만 교육 과정에서 아이들이 대학 입시에 반영되지 않는 과목의 수업을 들을 때는 분위기가 전반적으로 자유롭다. 교양을 위해서라도 조금은 수업에 집중하기를 바라는 것은 지나친 간섭이 되었다.

결국 몇 명만을 위한 학교 수업으로 바뀌어가고 있다. 중요 과목 수업 시간임에도 너무 떠든다고 교사가 수업할 수 없다며 아이들의 징계를 부탁하는 경우도 적지 않다. 대학 입시와 상관없는 과목의 교사는 아이들에게 그저 밥이다.

주변에서 실제 있었던 이야기다. 인문계 고등학교 2학년에 다니는 아들을 둔 학부모가 있었다. 어느 날 이 학부모가 담임을 찾아가 아들이 말도 듣지 않고 게임에 빠져 있으니 몽둥이를 들어서라도 아이를 부탁한다고 했다. 그런데 선생으로부터 돌아온 답이, "그런 큰일 날 소리하지 말라"면서 오히려 "할 만큼만 해야 한다"였다고 한다. 결국 그런 선생에게 아이를 맡길 수 없다고 판단한 학부모는 아들을 자퇴시켰다. 아이를 공부시켜야 한다는 부모의 마음도 이해하지만 교사 입장에선 부모의 요구 또한 큰일 날 일이기도 하다.

무엇이 문제인가? 많은 교육 전문가의 이야기를 빌리지 않아도 아이들은 알고 있다. 모든 수단과 방법을 동원해서 아이를 대학에 보내려고 하는 학부모와 현실과 동떨어진 교육 제도, 허점이 많은 입시 제도가 있는 한 이런 일들은 반복될 것이다.

# 05
# "선생님! 저 뭐 해먹고 살아요?"

"선생님! 저 뭐 해먹고 살아요?"

"왜? 뜬금없이 무슨 말이야?"

"저 변호사 하려고 했는데 일자리가 다 없어진다면서요?"

"그럼, 교사는 어떠냐?"

"교사도 없어진대요."

"나하고 풀빵 장사할까?"

"에이, 농담하지 마세요. 저 심각해요."

"너무 걱정하지 마. 네가 할 일은 많아. 염려하지 말고 나하고 열심히 놀자."

"선생님, 정말 그래도 돼요?"

"그럼."

"정말이죠?"

"그런 뜻에서 이번 주 토요일에 영화나 한 편 보자."

제4차 산업혁명은 사이버 물리 시스템Cyber physical systems, CPS, 사물인터넷Internet of Things, IoT, 클라우드 컴퓨팅, AI, 3D 프린팅, 생명 공학 등 첨단 정보 통신 기술을 활용하여 실제 세계의 모든 사물이 지능화되고 초연결hyperconnection을 지향하는 것이다. 따라서 기존의 산업혁명에 비해 제4차 산업 혁명은 속도와 범위, 시스템에서 끼치는 영향은 매우 크리라 여겨진다. 이러한 제4차 산업혁명이 변화의 속도와 확산이 매우 빠른 것은 충격이 아닐 수 없다.

2016년 '알파고AlphaGo'라는 인공 지능의 위력을 경험한 후로 인공 지능과 제4차 산업혁명에 대한 논의가 봇물을 이루고 있다. 특히 교육이라는 활동이 본래 미래를 지향하는 일이고, 산업 및 직업 세계의 변화와 함께해왔다고 생각했기 때문에 이러한 논의는 당연하고 자연스러울 것이다. 다만, 일부에서 진행되고 있는 논의들을 보면 다가올 제4차 산업혁명 시대의 변화를 부각시켜 지금 우리가 당장 대응하지 않으면 큰일이 날 것 같은 분위기를 만들고 있는 것은 아닌가 싶다. 다가올 미래 사회에 대한 두려움을 불러일으키고 지금 당장 무엇이라도 하지 않으면 안 될 것 같은 인식을 확산시키고 있다. 변화에 민감하게 대응하는 것도 필요하지만, 변화의 실체가 무엇이고 과연 교육에서는 무엇이 어떻게 달라져야 하는지 차분히 따져봐야 한다. 우리의 대응을 모색하는 것이 필요한 시점이다.

이전 역사에서 변화의 속도에 관한 선례가 없어서 두려워지는 것일 수도 있다. 클라우스 슈밥은 다가올 제4차 산업혁명의 시대를 다음과 같이 예측하고 있다.

"2025년까지 전 세계 90%의 사람들이 스마트폰을 사용하고, 인터넷에 일상적으로 접속할 수 있을 것이다. 무제한으로 무료 디지털 정보를 저장할 수 있고, 10%의 사람들이 인터넷에 연결된 옷을 입고, 인터넷에 연결된 안경을 쓸 것이다. 미국 차들의 10%가 무인 자동차가 될 것이며 5만 명 이상이 거주하는 신호등이 없는 최초의 도시가 등장할 것이다. 1조 개의 센서가 인터넷에 연결되며, 5%의 상품이 3D 프린터로 생산되고, 자동차와 인간의 인공 '간'이 최초로 3D 프린터로 생산될 것이다. 인체에 심는 최초의 전화기가 판매되며, 최초의 로봇 약사가 미국에 등장할 것이다. 30%의 기업 회계 감사가 인공 지능에 의하여 이루어지며, 인공 지능 기계가 기업 이사회에 참여하고, 빅데이터로 인구 조사를 대체하는 최초의 정부가 나타날 것이다. 블록체인blockchain으로 조세를 최초로 징수하며, 세계 GDP의 10%가 블록체인 기술에 의하여 저장될 것으로 예측된다."

2016년 1월, 다보스포럼에서 클라우스 슈밥이 제4차 산업혁명에 대한 의제 설정 이후 다양한 논의와 예측이 등장하고 있다. 급격한 기술 및 사회 변화에 대한 예측은 당연히 미래 교육에 대한 다양한 예측을 불러온다.

특히, 교육이 제4차 산업혁명을 제대로 대비하지 않으면 우리의 미래가 암울할 것이라는 두려움을 불러일으킨다. 소위 미래 예측 전문가라는 사람들 중 지금과는 현저하게 다른 미래 교육 상황을 예측하기도 한다.

『세계 미래 보고서 2045』(교보문고, 2016)에서 박영숙 저자는 공교육과 교실, 교사가 사라진다고 주장한다. 즉 고령화로 정부 예산이 삭감되면서 초·중등 공교육 시스템이 2030년에는 사라질 것이라는 급진적인 예측을 하기도 한다. 미래 사회에서는 학교 졸업장보다 기술 역량 인증서를 더 높이 평가하게 될 것이며, 교사의 역할도 달라져야 한다고 주장한다. 교사는 지식을 가르치는 사람이 아닌 학생의 조력자, 인성 훈련 담당자, 상담사 역할로 변하게 된다는 것이다.

미래 교육과 미래 인재에 대한 다양한 의견이 있다. 그중에서도 "제4차 산업혁명 사회가 요구하는 인재人才는 어떤 사람인가?"란 물음을 공통적으로 던진다. 교육에서 추구해야 할 인재상은 과연 무엇일까? 풍부한 지식과 정보를 암기하고 있는 사람을 요구하는 것이 아니다. 새로운 상황에 맞닥뜨렸을 때 적응을 잘하고, 창의적으로 사고하고 생산하며, 다양한 분야의 사람들과 협업할 수 있는 '인성'과 '역량'을 갖춘 인재를 말하는 것이다.

미래 사회에서 요구되는 인재의 특성들은 기존의 학교 교육의 내용과 방법에 변화를 요구하고 있다. 이는 기존의 지식 중심의 교과 교육이 어떻게 달라져야 하는지 고민하라고 요구하고 있다. 그리고 강의식, 지식 중심의 교육 방식이 어떻게 달라져야 이러한 역량들을 습득할 수 있는지도 말이다. 이것이 바로 제4차 산업혁명 시대의 교육 과정에 대한 논의의 핵심일 것이다.

미래 사회는 국어, 영어, 수학 지식을 갖춘 사람이 아니라 소통, 창의, 분석, 협업 등의 능력을 갖춘 사람을 원한다. 특히 적응력adaptability, 복원력과 기개resilience and grit, 지속적으로 배우려는 사고방식mind set of continuous learning을 요구한다. 이 정의적·인성적 특성은 기존의 지식 중심의 교과 교육에서는 크게 강조하지 않았던 역량들이다.

다시 말하면 미래 사회에서 갖추어야 할 역량은 단순히 지식과 정보를 알고 기억하는 것이 아니다. 이를 적극 활용하여 문제를 해결하고 난관에 부딪쳤을 때 극복할 수 있는 인성적 특성이다.

제4차 산업혁명 시대에 미래 인재상과 미래 사회에 갖추어야 할 역량을 제시한다고 교육에 바로 반영할 수는 없을 것이다. 그래서 오래전부터 우리의 획일적인 교육에 대해 문제를 제기해왔다. 국어, 영어, 수학에 편중된 수업과 평가 방법에 대해 문제점을 지적했지만 이제 와서 다들 호들갑을 떤다.

우리는 잊고 있다. 아무리 변해도 변하지 않는 것, 그것은 바로 '인성'이다. 우리 인간이 어떻게 살아가야 하는가? 산다는 것은 무엇인가? 가족은 무엇인가? 친구는 누구인가? 이웃은? 공동체란? 지역 사회와 나는 어떤 연관이 있나? 나와 함께 이 시대를 살아가는 사람들은 누구인가? 이런 것들에 대한 물음으로 앞으로 다가올 세상을 준비하는 것이 올바른 것이 아닐까 싶다. 즉 인간에 대한 물음은 나에 대한 물음으로 제4차 산업혁명 시대의 교육에 관한 논의가 시작되기를 바란다.

오래전부터 인문학의 위기를 이야기했지만 결국 인문학의 위기가 아니라 인간의 위기가 닥쳤다. 무슨 과목, 어떤 과목을 공부한다고 해도 변화를 따라갈 수 없다. 교육은 항상 산업을 따라가며 시대를 따라갔지만 사실은 따라갈 수 없었다. 더구나 앞서갈 수 없다. 그렇기에 변하지 않는 인간의 아름다운 인성을 알게 하는 것, 그것이 교육의 중심에 있어야 한다.

【 2장 】

# 어른이 되기 전 꼭 배워야 할 인성

## 01
# 마음을 나눌 선생님이 사라지고 있다

우리 반 아이들 중에 방학을 기다리는 여학생들이 있다. 긴 겨울 방학 동안 쌍꺼풀 수술을 할 계획이기 때문이다. 그것도 부모들이 권해서 하는 경우가 많다. 특히 수능이 끝나면 쌍꺼풀 수술과 기타 성형 수술을 하려고 계획하는 학생들이 적지 않다.

우리의 관심이 외모에 쏠리는 것은 우리 사회가 외모를 중시하고 있다는 증거가 될 것이다. 외모가 수려한 여성들은 좋은 조건의 남자를 만난다거나 친구들이나 동료들로부터 인기를 얻을 수 있고, 법정 처벌을 덜 받고, 타인의 도움을 더 많이 받을 수 있다고 한다. 각종 여론 조사를 봐도 외모가 진급을 하는 데 영향을 끼친다고 한다. 그래서 "1%의 유전과 아름다워지기 위한 99%의 노력이 진정한 미인으로 만든다"고 농담처럼 말한다.

그런데 아이들이 방학 동안 쌍꺼풀 수술을 하고 온 후 교사들의 반응이 좋지 않은 경우가 많다. 당장 "공부는 안 하고"라는 잔소리를 하게 된다. 교사가 공감하지 못하고 반응하면 아이들은 교사들과 마음을 나누지 않게 된다.

아이들의 교사에 대한 인식도 바뀌어가고 있다. 「세계일보」 2015년 5월 13일 자 기사에 국민 10명 중 8명은 교사들이 학생에게 존경 받지 못한다고 생각하는 것으로 나타났다. 존경하는 교사가 있을 경우 성적을 올리는 데 긍정적으로 작용한다는 응답도 나왔다.

한국갤럽에서 전국의 19세 이상 남녀 1,005명을 대상으로 설문 조사한 결과, 83%가 '존경 받지 못한다'고 답했다. '존경 받고 있다'고 답한 응답자는 9%에 불과했다. 한국갤럽은 '경쟁·입시 위주 교육이 사교육을 부추기고 사교육 비중이 커지면서 공교육은 더 후퇴하는 상황이 반영된 결과로 보인다'고 밝혔다. 교사가 존경 받지 못하는 수준을 넘어 교권이 침해당하는 경우도 점차 늘고 있다는 것이다.

한국갤럽의 설문 조사에서 '스승의 날' 가장 생각나는 선생님을 학교별로 보면 고등학교(20%), 중학교(15%), 대학(5%) 순이었다. '없다'는 응답은 24%였다. 연령에 따라 스승의 날에 생각나는 선생님도 차이가 있었다. 40대 이상은 초등학교 선생님을 1순위로 꼽았으며, 연령대가 낮을수록 중고등학교 선생님을 떠올렸다. 60세 이상 응답자 중 36%는 스승의 날에 생각나는 선생님이 없다고 답했다.

고등학생 10명 중 5명은 잘 가르치는 교사보다 관심을 가져주는 교사를 더 좋아한다는 조사 결과도 나왔다. 입시 업체 진학사가 스승의 날을 앞두고 고교생 571명을 대상으로 설문 조사한 결과, 가장 좋아하는 선생님은 '학생들에게 관심을 가져주는 교사'라는 응답이 47%로 가장 많았다. 이어 잘 가르치는 교사 26%, 유머러스한 교사 11%, 잘생긴(또는 예쁜) 교사, 상담 및 생활 지도를 잘 해주는 교사가 각각 8% 순이었다.

싫어하는 선생님으로는 학생들의 의견을 무시하는 교사 39%, 편애하는 교사 25%, 잘 가르치지 못하는 교사 18%, 화를 잘 내는 교사 12%, 용모가 단정하지 않은 교사 6% 순이었다.

우리 교사들은 아이들의 존경의 대상이었으나, 이제는 서서히 그 자리를 다른 사람에게 넘겨주고 있다. 사회적으로 사교육은 공교육을 붕괴시키는 암적 존재라고 말하곤 한다. 그런데 사교육은 부실한 공교육이 키운 점도 부인할 수 없다. 학부모 입장에서 '부실한 공교육으로는 안심할 수 없어 자녀를 사교육으로 내몬다'고 한다. 이러한 현상은 공교육이 사교육보다 경쟁력을 갖추고 있다면 결코 일어나지 않았을 것이다.

학원을 찾는 대부분의 학생들은 학원(사교육)이 학교(공교육)보다 입시를 할 때 경쟁력이 앞선다고 이구동성으로 말한다. 이것이 공교육이 붕괴된 우리 사회에서 벌어지고 있는 모순된 현실이다. 공교육을 담당하는 학교 교사보다 영리를 목적으로 하는 학원 강사를 학생들이 더 신뢰한다는 이 현실이야말로 교육의 모순을 집약적으로 말해주는 것이라는 생각마저 든다. 그야말로 공교육의 굴욕이자 교사의 굴욕이 아닐 수 없다. 현직 교사로 이런 이야기를 하게 되니 누워서 침을 뱉는 경우가 되겠지만 어쩔 수 없는 사실이다.

학원에서는 아이들의 교우 관계나 이성 교제에서 생기는 문제, 가정사까지도 일대일로 상담해주고 조언해준다고 한다. 학원은 거대한 '시장'에서 살아남아야 하기 때문에 매일매일 경쟁력을 높이기 위해 애쓰고 있다. 이를 위해 강사나 원장은 성격,

외모까지도 요즘 아이들의 취향을 파악해 반영하려고 노력한단다. 아이들에게 영합하기 위한 것이 아니라 아이들의 눈높이를 맞추고 소통하기 위해서다. 그래야 아이들과 이야기를 터놓고 할 수 있다. 이미 소통에서 교사들은 학원 강사에게 밀려나고 있는 것이다.

좀 더 이야기해보자. 학원 강사들은 학생들과 호흡하고 소통하는 데 민감하다. 학생들에게 주기적으로 피자나 치킨 등을 시켜주면서 대화한다. 주말에는 삼겹살 파티도 연다. 가끔씩 여학생들과 쇼핑도 한다. 아이들은 "학원 선생님들이 강의시간 외에도 관심사에 대해 공유하고, 고민을 들어주고, 해결해주려고 노력한다"고 입을 모아 이야기한다.

대학 입시에 민감한 어느 고등학교에서는 진학 실적으로 학교와 교사를 평가하기도 한다. 교사 입장에서 공부 잘하는 학생만 눈에 들어올 수 있다. 그러다 보니 공부를 못하는 학생에게 면박을 주는 교사도 있다. 서열에서 밀려나는 공부 못하는 아이들은 찬밥 신세가 되기 일쑤다. 그래서 학생들은 교사들이 성적순으로 인간 취급을 한다고 늘 불만이다.

반대로 학원에서는 공부를 못해도 차별하지 않고 공부 잘하는 학생과 똑같이 인격적으로 대한다. 말하자면 성적으로 학생을 평가하는 교사와 달리 학원 강사들은 학생들을 성적순으로 차별하지 않는다. 속된 말로 아이들을 똑같은 '값'으로 대한다. 아이들은 "공부를 잘하는 아이나 못하는 아이나 똑같은 학원비를 내고 다니니 학원에서는 인격적으로 차별하지 않는다"고 한다. 학원 입장에서는 아이들 하나하나가 소중할 뿐 아니라 오히려 공부 못하는 아이들을 더 선호한다. 이유는 실력이 좀 부족하니 학원을 오래 다닐 수 있기 때문이다.

학원가에서는 일반적으로 강사 1인당 최대 관리할 수 있는 학생이 10~15명 정도다. 학교에 비해 담당하는 학생 수가 적다 보니 학생들을 밀착 상담할 수 있고, 학생 개개인의 실력에 맞게 눈높이 수업을 할 수 있다. 게다가 담당하는 학생들을 관심 있게 챙기면서 학업을 차질 없이 진행할 수 있도록 보조도 맞출 수 있다. 일선 교사에 비해 학원 강사가 좀 더 편하게 학생들을 관리할 수 있다는 말이다. 학교 교사는 담당해야 하는 아이들이 많다. 게다가 학급마다 아이들의 학업 수준 차가 커서 진도 수준을 맞추기 힘들다.

중학교 때까지 선행 학습을 하지 않고 좋은 성적을 유지한 한 학생이 있다. 이 학생은 고등학교에 진학하면서부터 수학 과목 같은 경우 진도를 따라가기 버거웠다. 모르는 문제가 있어도 담당 교사에게 질문하는 것이 눈치가 보였다. 심지어 자기만 진도를 따라가지 못하는 것 같았다. 질문을 하면 "그것도 모르냐"며 "학원에 가서 물어보라"는 핀잔을 듣기 일쑤였다.

학원을 수강하는 학생들의 이야기를 들어보자. "강사와 원장 선생님이 번갈아가며 실력에 맞춰 강의한다. 학원에 수업이 없는 날도 자습할 수 있고 마음 편히 질문도 할 수 있어 학교보다 학원이 면학 분위기는 훨씬 좋다."

반면 우리의 아이들이 오랜 시간 앉아서 공부하는 자습실은 어떤가. 학교에서 관리하는 몇몇 학생을 위한 특별반을 제외하면, 대부분 하루 종일 앉아 있던 교실의 책상과 의자, 조명 아래서 자습한다. 그것도 교복을 입은 채 말이다. 그러니 분위기가 좋지 않다. 시대에 뒤떨어진 자습 방식이다. 우리는 무엇을 위해, 누구를 위해, 어떤 교육을 하고 있는가?

한번은 아이들끼리 선생님 이야기를 하고 있어서 궁금해 들어보았더니 학원 선생님을 화제에 올리고 있었다. '아, 우리는 학원 선생님들 뒤편으로 밀려난 지 오래구나'라는 기분이 드는 순간이었다. 아이들이 생각하는 학교는 어느새 입시에서 필요한 생활 기록부와 졸업장이 전부인 곳으로 변해가고 있다.

2017년 10월 27일, 교보문고 청소년 베스트 1~20위 안에 교과 학습과 관련된 책 9권이 올라와 있어 깜짝 놀랐다. 집계 대상이 청소년이니 베스트셀러를 통해 청소년의 관심이 무엇인지 알아볼 수 있는 기회였다. 아쉽게도 해당 책들은 청소년들의 미래와는 거리가 멀어 보였다. 교과 학습과 관련 있는 책이 45%나 베스트 순위를 차지하고 있었기 때문이다.

입시나 학습과 관련된 책들이 베스트셀러 순위에 많이 있다는 현실이 나는 안타깝다. 교사가 아이들과 마음을 나눌 수 있는 방법을 알려주는 책, 아이들과 같이 읽고 공감할 수 있는 책이 있었으면 하는 바람이다.

학교는 입시만 가르치는 곳이 아니지 않은가. 청소년들의 마음을 단단하게 키워주고 사람됨을 가르치는 곳이 되어야 한다. 그런 면에서 교사들이 아이들과 마음을 나누고 더 많은 이야기를 나누었으면 한다. 쌍커풀 수술한 이야기도 하고, 부모님과 있었던 일도 들어주는 선생님 말이다. 아이들이 마음을 털어놓고 대화를 나눌 수 있는 선생님들이 더 많아졌으면 한다.

# 02
# 아이들이 꿈을 꾸게 하려면

많은 사람은 아이들에게 "꿈이 무엇이냐?"고 묻는다. 무엇이 되고 싶은가. 부모나 어른이 보기에 요사이 아이들은 꿈에 대해 별로 생각이 없는 것 같다. 다만 돈을 많이 버는 것이 꿈이 되었다고 한다.

꿈을 꾸는 사람과 꿈을 꾸지 않는 사람은 어떻게 다를까? 꿈을 꾸는 사람의 삶은 역동적이다. 삶에 설렘도 있다. 그러니 꿈을 꾸며 살아가는 것이 좋겠다. 그러려면 교육은 아이들이 꿈을 꿀 수 있게 해주어야 한다.

중학교 2학년 때 미술 시간이 아주 싫었다. 항상 숙제가 있었기 때문이다. 수업 시간마다 10명씩 앞에 나가 숙제를 들고 서 있으면 선생님께서 점수를 매겼다. 하루는 수채화를 그려오라는 숙제를 내주셨다. 그림물감이 없는 나는 아침 일찍 등교했다. 이유는 미리 와서 친구에게 빌려 쓸 요량이었다. 친구의 노란색 그림물감으로 빛이 퍼져나가는 것처럼 농도를 조절하여 4개의 원을 그려서 숙제를 제출했다.

당시에 그림물감이 없는 학생은 아마 30%는 넘었을 것이다. 물론 내 그림은 좋은 평가를 받지 못했다. 아니 사실은 미술 선생님으로부터 혹독한 평가를 받았다. 이 일은 교사에 대한 반감을 갖는 계기가 되었다. 내가 교사가 되어 '숙제를 내지 않는 사람'이 되어야겠다는 다짐으로 이어졌다.

중학교 3학년 때 일이다. 학기 초가 되면 으레 환경 조사서를 작성해오라고 한다. 그런데 환경 조사서를 마감하는 날, 우리 반의 과반 이상이 서류를 작성해오지 않았다. 그 후에 어떤 일이 벌어졌는지 아는가. 담임 교사는 나를 시작으로 아이들을 줄을 세운 다음 체벌을 하기 시작했다. 그 당시에는 흔히 있는 일이었지만 이 일은 내가 교사가 되어 '체벌하지 않으리라'는 다짐을 하는 계기가 되었다.

고등학교 1학년 9월 16일을 나는 잊지 않고 있다. 나는 이날 학교에 자퇴 서류를 제출했다. 자퇴를 하겠다던 내게 아무 말

없이 보호자 도장을 받아오라고만 하던 담임 교사를 지금도 생생히 기억하고 있다. 교사라는 사람이 이유를 묻지도 않고 가르치던 학생을 자퇴시킨 것이 지금 생각해도 참 아쉽다. 이 일은 내가 교사가 되어 '아이에게 왜라고 물어보고 마음을 헤아려주는 사람이 되어야겠다'는 다짐을 하는 계기가 되었다.

막연한 꿈을 생각하기보다는 살기에 바빴다. 명절 때 인사차 외오촌 당숙 집에 들르곤 했던 어느 해인가 아주머니께서 꿈이 무엇이냐고 물어왔다. 그때 나는 엉겁결에 "교사가 되려고요"라고 대답했다. 스스로 적잖이 당황했다. 내 잠재의식 속에 남아 있는 꿈이 있었던 것이다.

그래, 교사! 교사가 되자. 어느새 나의 얼굴에 밝은 미소가 퍼져갔다. 숙제를 내주지 않는 그런 교사, 아이들을 이유 없이 때리지 않는 교사, 아이들의 이야기를 물어보고 들어주는 교사, 가슴으로 말하는 교사, 그런 교사가 되어야 한다는 생각을 하면서 살아왔던 것이다.

그러나 현실에서 교사로의 길은 멀기만 했다. 막노동판을 전전하고 리어카 행상을 하면서도 명절마다 아저씨가 돌아가신 후에도 아주머니께 인사를 다녔다. 아주머니께서는 한결같이 내 꿈을 물어보셨다. 잊을 만하면 나의 꿈이 무엇인지, 마치 내가 교사가 되지 않으면 안 되는 것처럼 채찍질하는 듯했다.

누군가 물어봐 주는 것, 관심을 가져준다는 것은 참 고마운 일이다. 나와 관련 있는 단체인 위기 청소년의 친구 '어게인'이라는 곳에서 만났던 아이들이 가장 듣고 싶어 하는 말은 "그랬구나"였다. 관심을 가져주는 것, 공감해주는 것, 단지 그것을 원했던 것이다.

표창원 의원 말에 따르면, 연쇄 살인범들이 범죄를 저지르기 전에 "자신을 알아주고 믿어줄 사람이 단 한 명이라도 있었다면 범죄를 저지르지 않았을 것"이라고 한다. 그래서 그들은 마지막으로 옛 스승을 찾아가기도 하고, 옛 친구에게 발걸음을 해보기도 하는 것이다. 자신을 믿어줄 단 한 사람을 찾기 위해 말이다.

나는 우여곡절 끝에 교사가 되었다. 그리고 어느 날 아내와 함께 아주머니를 찾아갔다. 아주머니는 이날도 나에게 "또 너의 꿈이 무엇이냐?"라고 물어왔다. 순간 나는 멍하니 아무 말도 하지 못했다.

아내와 함께 돌아오는 길에 아주머니가 내게 던진 물음을 깊이 고민해보았다. 어찌 보면 나에게 어떤 교사가 되기를 바라는가 묻는 듯했다. 나는 어떻게 살아가야 이 시대의 진정한 선생이 될 수 있을까? 가치를 어디에 두고 살아야 이 시대의 스승이 될 수 있는가? 아내가 내게 건넨 "당신은 아주 가까운 곳에 훌륭한 철학자를 두고 있었다"는 말을 듣는 순간 아차 싶었다.

그렇다. 나는 위대한 스승 한 분을 모시고 있었던 것이다. 그래서 오늘도 스스로에게 물음을 던진다. "나의 꿈은 무엇인가?"

80대 중반에 접어든 아주머니는 명절 때마다 들른 나를 빈손으로 돌려보내지 않았다. 따뜻한 밥이라도 먹여주고 말을 붙이며 꿈에 대해 물어봐 주셨다. 아주머니가 내게 건넨 말이 나를 변화시키고 성장시켰다. 아무것도 아니었던 반항심에서 나온 작은 생각을 키워 교사가 되게 했다.

우리 시대에는 꿈을 꾸면 이뤄졌다. 그래서 나도 꿈을 꾸고 그 꿈을 이루었다. 지금의 시대는 꿈을 꿔도 이뤄지지 않는다고 한다. 그래도 나는 아이들에게 꿈을 꾸게 하고 싶다. 꿈을 꾸는 설렘을 알게 하고 싶다. 꿈을 꾸는 순간에는 미래가 보인다.

03

# 벚나무 아래 누워 보기

아이들은 시간만 있으면 수다를 떤다. 무엇이 그렇게도 할 말이 많은지 모르겠다. 우리는 서로 말로 의사소통을 하면서 살아간다. 물론 몸짓으로도 가능하다. 예외도 있다. 그러나 일반적으로 그렇다.

내 속에 있는 말을 누군가에게 들려주고, 들어준다는 것은 우리의 일상적인 의사 표시가 될 것이다. 아이들에게 말을 걸고 말을 시키면 자신의 생각을 곧잘 표현한다. 말을 하다 보면 아이들은 자신의 생각을 정리하게 되고 잘못도 알게 된다. 그러다 보면 스스로 답을 찾아가는 경우가 적지 않다.

나의 역할도 그렇다. 아이들에게 자신이 말하고 싶은 것을 말하게 하다 보면 자기가 생각하고 있는 것이 무엇인지 스스로 알게 된다.

매년 4월이면 전국에 벚꽃이 만발한다. 신문 지상에 벚꽃이 피어 올라오는 지도를 그리고 각지에서 벚꽃 축제도 각양각색으로 열린다. 나도 아이들과 벚꽃 아래서 프로그램을 진행한다.

맨 먼저 아이들을 2열로 세우고 땅에 눕게 한다. 그러고 나면 나는 어떤 나무는 꽃이 먼저 피고 잎이 나고, 또 어떤 나무는 잎이 먼저 나고 꽃이 핀다는 사실을 이야기해준다. 아이들은 누워서 내 이야기도 듣고 벚꽃을 관찰하기도 한다. 가만히 하늘을 올려다보던 아이 하나가 말을 툭 내뱉는다.

"선생님, 저는 이미 제 인생에서 꽃이 핀 것 같아요."

순간 철학자를 만난 것 같았다.

"그래? 언제?"

"초등학교 3학년 때 한번 날렸어요. 제 전성기였죠."

"그랬구나."

시간이 흐를수록 여기저기서 아이들의 아우성이 들려온다. "저는 중학교 1학년, 저는 중학교 2학년" 등등 갖은 말들이 쏟아져 나온다.

이제는 아예 유치원부터 고등학교까지 각자 자신에게 꽃이

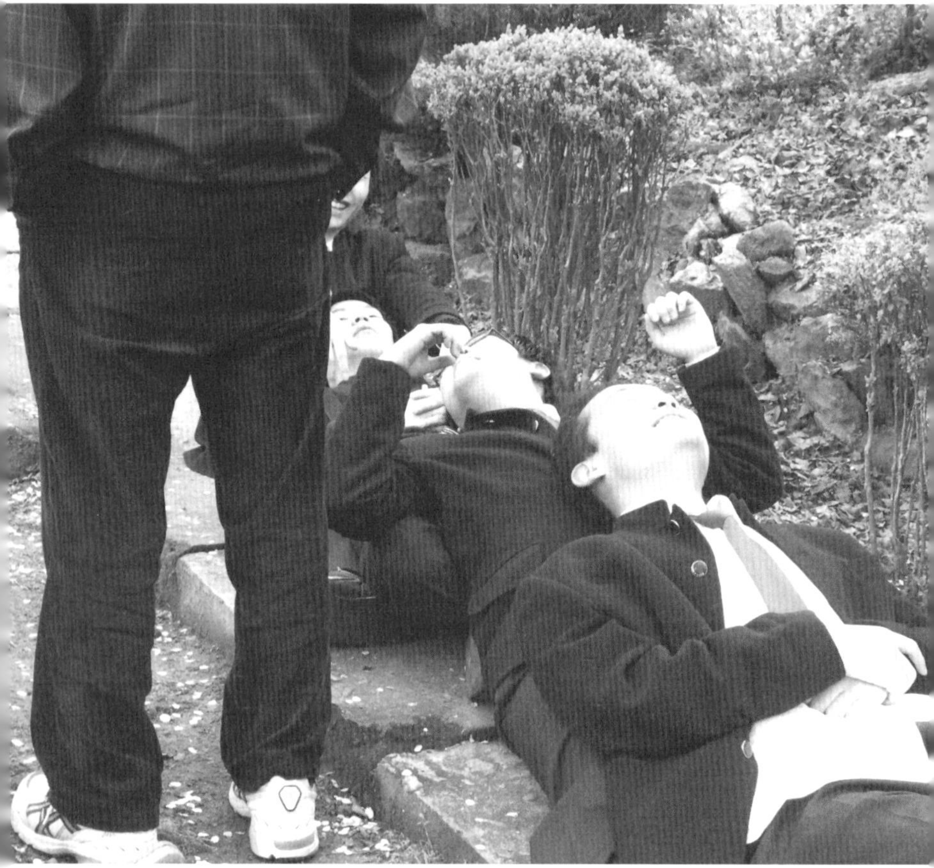

누워서 나무의 꽃들을 바라보며 이야기하는 아이들

피었던 시절을 이야기를 하느라 입이 바쁘다.

사실 이 프로그램에 각자가 꽃피었던 시기를 묻는 것을 준비하지는 않았다.

그런데 우연히 아이들이 먼저 이런 철학적인 말을 시작한 것이다. 나는 분명 아이들에게 배우고 있다. 배움은 남녀노소를 막론하고 어디에서나 일어난다는 진리를 다시 한 번 알게 해주는 일이었다.

"모두가 자신의 삶에서 꽃이 피었던 시기가 있었구나. 그럼 아직도 꽃피우지 못한 사람은 없나?"

그랬더니 또 여기저기서 말이 많다.

"저는 아직도 꽃을 피우지 못했어요."

"그렇다면 나무에게 꽃이 핀다는 건 무슨 의미일까? 나무에 꽃이 필 때가 과연 전성기인가?"

일순간 아이들이 잠잠하다.

"분명한 건 봄에 물이 오르고 꽃이 피는 것이니, 전성기로 보기 어렵지 않을까?"

나는 유실수인 사과나무를 예로 들어 설명하기 시작했다.

"새순이 돋고 꽃이 피고, 무성하게 잎이 맺히고 열매를 맺고, 열매를 거두면 다시 잎이 지고 나무는 호흡을 멈추고 겨울을 보낸다. 우리가 보기에 어떻게 보일지 모르지만 나무의 전성기는 꽃이 피는 시기는 아닌 것 같아. 여러분에게 어린 시절 꽃이 피었다면 거기에 잎이 나고 열매를 맺는 시기가 올 것이고, 아직 꽃이 피지 않았다면 이제 꽃을 피워야 할 시기가 가까워오겠지. 그렇다면 여러분은 봄의 계절에 속하는 학생들이니 1년을 잘 준비하고 보내면 좋은 열매를 맺겠다."

이 말이 아이들에게 위로가 되었나 보다.

나무마다 다르겠지만 꽃이 아무리 화려해도 전성기로 보기는 어렵다. 이 아이들처럼 말이다.

"나무 위에 뭐가 보이니?"

"구름이요. 아니 하늘이요."

"그래, 구름이 보이고 하늘이 보이네. 내 가까이 나무와 꽃이 있고 그 너머에 구름이 있고, 저 멀리에 하늘이 보인다. 사물을 바라볼 때 가까운 것부터 먼 것까지 모두 봤으면 좋겠다."

혹시 우리는 가까운 곳만 바라보는 것은 아닐까? 누워서 하늘 한 번 제대로 처다본 적 없는 녀석들이, 여유 없이 살아가는 이 아이들이 때로 하늘을 보면서 큰 희망을 가지고 살아갔으면 좋겠다.

이제 여러분이 인생에서 꽃피울 시기다. 우리 예쁜 꽃들이 피울 수 있도록 하자.

나는 아이들에게 나무의 가지치기하는 방법과 나무도 스트레스를 받는다는 사실을 알려준다.

아이들은 벚나무 아래서 거울을 이용해 꽃을 올려다보면서 더 예쁘게 보이는 것을 서로 확인하느라 바쁘다. 이처럼 사물을 바라볼 때 거울을 통해서 세상을 볼 줄도 알아야 한다. 눈으로 보는 것만이 다는 아니다.

학교 근처의 농장에서 '벚나무 프로그램'을 마치고 돌아오는 길이었다. 교문 앞에 옆으로 가지를 뻗치고 자라는 소나무를 가리키며 예전에 이 소나무 옆에 키가 아주 큰 나무가 있어서 이 소나무는 햇빛을 보기 위해 옆으로 가지를 길게 뻗게 되었다고 아이들에게 일러주었다. 더불어 소나무는 햇빛을 많이 받는 양수陽樹임을 말하는 것도 잊지 않았다.

대개 소나무 아래에는 떨어진 솔잎만 무성할 뿐 그 외의 나무는 자라지 못한다. 햇빛이 충분히 들지 않기 때문이다. 그런데 어느 건물 옆 그늘에 어린 소나무를 심어둔 곳이 눈길이 갔다. 아마 그 어린 소나무들은 어른 소나무로 자라지 못했을 것이다.

또 소나무는 자신에게 필요 없는 가지를 스스로 버린다. 스

거울을 통해 자연을 바라보는 아이들

스로 가지치기한다는 말이다. 큰 소나무 옆 몇 년 전에 가지치기를 해둔 나뭇가지를 보여주며 나무가 스트레스 받지 않게 잘라주어야 한다는 사실을 다시 한 번 강조한다. 그래야 가지치기한 곳의 상처가 잘 아문다.

소나무를 이야기했지만 결국 우리들의 이야기를 하려고 했던 것이다. 우리도 나무처럼 환경이 중요하다. 그러나 인간은 이 환경을 스스로 바꿀 수 있다.

진달래와 벚꽃이 만발한 날에 나무를 통해 나를 보고, 서로를 바라보는 시간을 가져보았다. 나의 시절의 꽃은 언제 피는지 서로 물음을 던지며 교실로 가벼운 발걸음을 옮겼다.

## 04
## 혼자 가기보다 함께 걷기

나는 걷기 여행을 좋아한다. 혼자 걷는 여행도 좋지만 아이들 서너 명과 같이 떠나는 여행을 좋아한다. 이런 여행은 서로에게 힘이 되어준다. 교과서에서 배우지 못하는 것들을 여행을 통해 배우는 시간이 되는 것이다.

함께하는 걷기 여행은 서로에게 배움을 선사한다. 같이 걸으며 예상하지 못했던 일들에 대응도 해보고 해결하면서 서로의 가치를 어렴풋이 알아가는 시간이 된다. 걷다가 우연히 지나가는 사람들이나 마주치는 사람들이 들려주는 뜻하지 않은 질문과 이야기에도 작은 감동을 하게 된다.

함께 걷기 여행을 하면 생각지 못했던 많은 것을 배울 수 있다. 교육 과정에도 걷기 여행이 필수로 들어갔으면 좋겠다. 20~30명이 줄을 지어 걷는 것이 아니라 3~4명이 함께 가는 걷기 여행을 아이들과 같이했으면 한다.

우리 교육 현실에서 할 수 없는 것이므로 가족끼리 함께 걸어보기를 추천한다. 먹을 것을 챙겨들고 일주일 정도를 함께 걸으면 서로를 알게 되고, 함께 걷는 우리가 누구인지 알게 된다. 스쳐가는 차들과 사람들이 들려주는 이야기에서도 작은 가치를 발견하게 된다. 그 어떤 교과 과정보다 더 많은 배움을 들려줄 것이다.

많은 사람은 여행을 떠난다. 부모들은 대개 자녀들과 자동차를 이용해 여행을 한다. 길을 떠난 아이들은 차 뒷좌석에서 밀린 잠을 자고, 부모는 시원한 공기를 마시며 두세 시간 동안 즐겁게 운전한다. 휴게소에 들러 간식을 먹이고 목적지에 도착하면 잠이 든 아이를 다시 깨워 명승지나 유적지를 돌아보고 다시 차에 올라타 맛집에 들른다.

이런 식의 여행을 하다 보니 아이들은 자기가 들른 명승지나 유적지의 역사적 배경은 둘째치고 이름조차 제대로 알지 못한다. 여행의 본디 목적이나 의미가 실종된 여행을 하고 있는 것이다.

내가 여행지로 선택하는 장소는 주로 국내다. 우리 땅에 아름다운 곳이 얼마나 많은지 다녀본 사람은 알 것이다. 강원도 검룡소에서 출발하여 한강을 따라 걸어보면 요소요소에 반겨주는 아름다운 곳이 너무 많다.

국외 여행을 즐기는 사람들은 이국적인 장소의 낯선 공기, 색다른 소리와 향기들 그리고 여유로움은 언제나 편안한 충전의 시간이 된다고 한다.

나는 이런 즐거움들을 우리의 산과 강에서 느낀다. 휴전선 근처의 민통선을 가본 적이 있는가? 군부대에 연락하고 사단장의 결재까지 받아야 하는 번거로움에도 불구하고 나는 기꺼이 이곳을 걷는다. 앞에서 걷고 있으면 민통선 보안상 군용 지프와 병사가 뒤따라온다. 그래도 여유롭게 걷고, 쉬는 것을 번갈아한다. 어느새 같이 걷던 병사가 내게로 와 말을 건넨다. 자신도 전역을 하면 다시 한 번 이 길을 걸어보겠다면서 말이다.

걷다 보면 인상 깊은 곳이 생기기도 한다. 때로는 지나가는 차가 갑자기 태워주겠다고도 한다. 그리고 가게에 들르면 사람들이 나를 알아본다. 자동차로 집을 오가며 걷기 여행을 하는 우리 무리를 봤기 때문이다. 며칠간 걷고 있는 모습을 봤다며 아이들에게 시원한 물도 건네주고 격려를 아끼지 않는다. 나는 여행은 이렇게 사람들과 만나는 것이라고 생각한다.

우리 아이들과 여행을 많이 했다. 큰아이가 고등학교 2학년, 둘째가 초등학교 5학년, 막내가 초등학교 2학년 때 12일간 걸었다. 그뿐 아니라 차를 타고 이동할 때도 차를 세우고 그 지역의 사람들과 이야기를 나누곤 한다. 이 과정에서 알지 못했던 그 고장의 역사, 민담도 듣는다. 농사철에는 가끔 농부들과 농작물에 대한 이야기도 나눈다.

이 이야기는 경상북도 영주 근방을 지나다 겪은 일이다. 여름이었나 보다. 한 농부가 수박밭에서 일하고 있었다. 수박 한 덩어리도 파냐고 내가 먼저 말을 걸었다. 농부는 그렇다면서 잠시 뒤에 잘 익은 수박을 골라주었다.

내가 얼마를 사례하면 되냐고 물었더니 농부는 "그냥 가지고 가라"고 했다. 하는 수 없이 다시 한 번 정중하게 더운 날씨에 고생하시는데 조금이라도 사례를 하고 싶다고 뜻을 전했다. 그랬더니 초로의 농부는 "이것이 고향의 정"이라면서 그냥 가지고 가라고 했다. 나는 잠시 멍하니 서 있다가 '고향의 정(수박)'을 고맙게 간직했다.

수박을 먹을 때면 그때 일이 생각난다. 여전히 그분은 '고향의 정(수박)'을 많은 사람에게 나눠주고 있으리라. 그리고 고향의 정을 받았던 나를 비롯한 사람들은 어디에선가 고향의 정을 생각하며 살아가리라.

차를 단양에 세우고 영월 어라연까지 걷던 중에 있었던 사흘간의 이야기도 떠오른다. 단양 가곡면을 걷다가 하루는 초등학교 운동장 한구석에 텐트를 치고 자려고 준비하고 있었다. 그때 느닷없이 파출소에서 경찰관들이 나타났다.

"어디로 가는 길입니까?"

"예, 단양에서 영월로 가고 있습니다."

"파출소 2층 방이 마침 비어 있습니다. 그리로 가시겠습니까?"

"감사합니다만, 아이들과 별을 보면서 텐트에서 자겠습니다."

잠시 후 경찰관이 가곡면의 특산물이 수박이라면서 들고 나타났다. 경찰관은 단양 어상천 수박은 일교차가 큰 고랭지에서 생산되어 색이 선명하고 당도가 높기로 유명하다는 말을 덧붙였다. 특히 겉껍질이 얇고 씨가 적으며, 수분이 많아서 갈증 해소와 이뇨 작용에 효과가 좋다고도 했다. 얼마나 크던지 다 먹을 수 없어 4분의 1쪽만 남겨두고 돌려주었다.

아침에 일어나 길을 나설 채비를 하는데 또 경찰관이 순찰을 하면서 따라오는 게 아닌가. 우리가 가곡면을 안전하게 지날 때까지 지켜주고 있었다. 물론 경찰관 입장에서는 낯선 사람들이 가곡면에서 사고가 나면 곤란하니 챙겨주는 의미도 있겠지만, 우리는 돈으로 경험할 수 없는 것들을 경험했다.

범죄와 무질서를 예방하는 경찰은 우리에게 부담스러운 존재로 여겨지기도 하지만, 이런 일을 경험하고 보니 그들의 역할에 이웃과 분쟁의 조정, 서비스의 업무 등 다양하게 업무를 집행하고 있다는 사실도 알게 되었다.

걷다 보면 이러한 경험들은 가는 곳에서 흔하게 일어나는 일이다. 영춘면으로 들어서면서 다리를 건너다 지친 나머지 난간에 앉아 있었다.

그때 스쿠터 한 대가 지나가며 어디로 가냐고 물어왔다. 남천 계곡에서 자려고 한다고 답했다. 잠시 기다리란다. 잠시 후 지프가 오더니 타라고 했다. 누군가 했더니 조금 전에 스쿠터를 타고 지나가던 사람이다. 고맙다고 지프에 타보니 이분은 영춘면에서 자장면 집을 운영하는데 배달 중에 우리를 여러 번 지나쳤다고 한다.

덕분에 쉽게 남천계곡 야영장까지 갈 수 있었다. 계곡 야영장 매점에서는 또 다른 이들이 우리를 반겨주었다. 어제도 지나다가 봤단다. 그래서 아이들이 대견하다고 아이스크림을 하나씩 입에 물려주었다. 어디에서 이런 경험을 할 수 있을까?

걷기 여행 초보 시절에는 땅만 보며 걷는 게 보편적이다. 시간이 흐를수록 앞이 보이기 시작한다. 좀 더 걷다 보면 옆이 보이고, 어느새 하늘이 눈에 들어온다. 그리고 뒤를 돌아다볼 수 있는 날이 찾아온다. 이렇게 여유가 생기면 바람의 소리가 들린다고 한다. 그러다 보면 주변(?)에서 들려주는 수많은 이야기가 들려온다.

우리는 여행이란 며칠간 멀리 떠나야 한다고 생각한다. 그러나 나는 여행이란 일상에서도 할 수 있다고 생각한다. 퇴근 시간을 이용해 집까지 걸어가는 것도 일종의 여행이다. 버스나 지하철에 몸을 싣고 걸을 구간을 정해놓은 다음 매일 조금씩 걷는 방법도 괜찮다.

이렇게 여행은 많은 사람을 만나게 해준다. 이런 사람도 만나고 저런 사람도 만난다. 우연히 동행이 되어 함께 걷기도 한다. 모르는 사람들과 서로 전혀 다른 경험을 공유하기도 한다. 바로 이런 것이 걷기 여행의 매력이 아닐까 싶다.

배려하고 격려하고 위로하는 마음을 나누면서 세상을 더불어 살아가는 '우리'라고 하는 공동체 의식도 느낄 수 있어 좋은 것이 '걷기'다.

나는 늘 걷는다. 덕분에 많은 소리를 듣는다. 어느 때는 바람이 함께 가자고 나에게 속삭이기도 한다. 걸을 때 혼자인 줄 알았는데 나 혼자만이 아니었다. 보이지 않는 수많은 사람이 내 곁에서 도와주고 격려하고 있었다.

## 05
# 어떻게 살 것인가를 가르치려면

"선생님, 잘 지내시죠?"

"응, 우리 수영이 생각하면서 잘 살고 있다."

"바빠서 찾아뵙지 못했어요, 죄송합니다."

"그래, 어디 아픈 데는 없고?"

"네, 건강해요. 선생님은요?"

"응, 나야 매일 아이들과 놀고 있으니 건강하다."

"갑자기 선생님 목소리 듣고 싶어서 전화했어요."

"요사이는 어디서 지내니?"

"여기저기에서 일하며 지내요. 선생님! 전 할 일이 참 많아요."

"그래 고맙다. 건강하게 잘 지내고 있어서…"

"선생님 또 전화할게요."

휴대폰에는 김수영이란 이름이 찍혀 있다.

갑자기 눈물이 난다. 녀석이 오늘도 건강하게 살아가고 있다는 사실이 고마웠다. 너 같은 녀석이 많다면 내가 하는 교육이 옳다는 생각이 들 텐데.

나도 어떨 때는 자신감을 잃어간다. 수영이는 보통의 친구들과 달리 대학에 진학하지 않았다. "저도 선생님처럼 하고 싶은 것을 하면서 자유롭게 살고 싶어요." 녀석의 눈에는 내가 자유로운 영혼으로 보였나 보다.

추운 겨울날, 수영이는 나하고 장난을 치다가 스쿠터의 계기판을 손으로 쳐서 망가뜨리고 말았다. 스쿠터에는 아직도 그때 입은 상처가 남아 있다.

치킨집을 운영하는 아버지 때문에 수영이는 군대에서 취사병이 되었다. 군 복무 시절 휴가를 나와서 했던 이야기가 생각난다. 대학을 다니다 입대한 다른 장병은 복학할 예정인데, 자신은 하고 싶은 것이 많아 좋다고 했다. 수영이는 지금도 자신이 하고 싶은 일을 하면서 어디선가 행복하게 살아가고 있을 것이다. 다시 말하면 수영이는 행복하게 살아가는 것을 세상이라는 학교에서 스스로 배우며 찾아가고 있다.

수영이는 학교에서 알려주지 못한 것을 스스로 공부하고 있다. 학교에서 어떻게 살아가야 하는가를 도와주어야 하는데 그러지를 못했다. 단지 대학 입시에 필요한 교과 과목만 가르치느라 급급했다. 그러면서 학교는 대학에 진학시켜야 한다고, 그래야 인간답게 살 수 있다고 강조했다. 그러나 수영이는 대학에 진학하지 않고도 잘 살고 있다. 아니 더 많은 사람과 만나고 더 많은 곳을 여행하면서 지내고 있다.

우리 사회는 대학에 진학하지 못한 사람들을 '낙오자'처럼 생각하게 한다. 지독한 입시 관문을 뚫고 대학에 들어가면 무엇이 기다리고 있을까? 대학에 진학한 아이들은 진정한 학업이 아니라 1학년부터 취업을 하기 위해 도서관에서 '취업 준비생'으로 살아간다. 교육의 장에서 교육이 인간에 대한 존엄성이나 고귀함보다 진학, 취업을 더 강조하게 되었다. 누구는 이것이 현실이라고 말하면서 교육의 본질을 호도한다.

몇 년 전, 슬기라는 제자에게서 연락이 왔다. 사립 특성화고등학교 기간제 교사로 부임했는데 고등학교 3학년 담임을 맡았다고 했다. 아이들은 대학 진학을 원하는데, 학교에서는 아이들을 취업시킨 다음 대학 진학은 나중에 시키라고 한단다. 학교 입장에서는 '선취업 후진학'의 방법을 택해야 교육청 학교 평가에서 좋은 점수를 얻는다.

학교와 학생 중간에서 어떻게 했으면 좋겠냐고 전화를 해온 것이다. 내 대답이야 불을 보듯 뻔하다. 학생이 원하는 쪽으로 지도해야 한다. 그러다가 교육자란 어떻게 해야 하는가에 대해 이야기가 오갔다. 서로의 입장을 위로하고, "학생들이 원하는 것이 무엇이고 교육적 가치를 가지고 판단해야 한다"고 이야기를 마무리 지었다.

어쩌면 현실을 무시하고 무책임한 말을 했는지 모르겠다. 특성화고등학교의 학교 평가는 취업이 최우선이다. 만약 아이들이 원하는 대학에 진학시키면 자신은 기간제 교사를 그만두어야 한다는 조건이 붙어 있으니 이 얼마나 난감한가.

고등학교 종류에는 크게 특수목적고(과학고, 외국어고, 국제고, 예술고, 체육고, 마이스터고), 일반계 고등학교(일반고, 중점학교, 자율화학교), 자율고(자율형사립고, 자율형공립고), 영재학교, 특성화고 등이 있다.

결론부터 말하면 모든 학교에 다니는 아이들의 목표는 대학 진학이다. 너무 극단적이라고 생각할지도 모르지만 사실이다. 그리고 특성화고등학교의 아이들도 대부분 대학 진학을 목표로 두고 있다. 세상이 원하고 부모들도 원하기 때문이다. 대학 진학을 못하는 나머지 학생 일부가 취업을 한다고 보면 된다.

내 제자는 결국 기간제 교사를 그만두었다. 못난 선생을 만났기에 최소한의 교사로서 양심을 지키려다 일을 그만두게 되었으니 어떻게 위로를 해야 할까? 나중에 슬기를 만났을 때 나는 아무 말 없이 꼭 안아주는 것으로 대신했다.

슬기는 참 좋은 교사다. 아이들과 함께 지내면서 아이들을 가슴으로 만나고 늘 아이들을 생각하는 교사였다. 내 제자여서가 아니라 교사로서 색다른 경험이 풍부하고 성격과 인성도 아이들과 잘 어울리는 편이다.

그만의 다양한 활동들도 아깝다. 대학을 다니면서 오지 국가 떠났던 봉사 활동을 비롯해 여행과 경험을 쌓은 다음 교육계에 진입했으나 유능한 제자는 교육 현실에 부딪혀 교육계를 떠나고 말았다.

주말에 아이들과 체험 학습을 가려고 할 때나 금요일 심야 영화를 보려고 할 때도 부모로부터 "의무냐"는 말을 많이 듣는다. 집 안에 행사가 있어 빠지게 되는 경우에도 "다른 아이들은 어떤가요?"라고 되묻는 게 요즘 부모들이다. 이유가 있으면 그것으로 그만인데 다른 아이들도 많이 같이 빠져야 안심을 하나

보다.

학교에서 교사들이 가끔씩 하는 말 중에 이런 말이 있다. “저런 놈이 잘 살 것이다.” 여기서 저런 놈이란 어떤 놈인가? 머리에서 발끝까지 학교와 어울리지 않아 학교생활에는 관심이 없고, 사고를 치면서 문제(?)가 있지만 성격 좋고 친구도 많은 녀석들에게 하는 말이다. 왜 이들이 잘 살 것이라고 생각할까? 학교에서 바라는 학생상에는 속하지 않지만 왠지 모르게 그럴 것 같은 생각이 들어서일까?

우리는 교육의 현장과 현실의 괴리 속에서 살고 있다. 슬픈 이야기다. 교육은 자신이 누군인지 묻고 깨닫게 도와주어야 하고, 어떻게 살아가야 하는지 가르쳐야 한다. 그리고 그런 내가 스스로에게 어떻게 세상과 더불어 살아갈 것인가를 묻기를 기다려주어야 한다.

나는 한 신문 기사를 접했다.

“2017년 11월 19일 18번째 생일을 나흘 앞두고 숨진 이민호(18) 군은 고3, 현장 실습생이라기보다 과중한 업무에 시달리는 장시간 노동자에 가까웠다. 평일엔 공장 숙소에서 잤고, 하루 11~12시간을 일하는 날도 잦았다. 함께 일하던 정규 직원이 그만둔 뒤 이군은 10미터 가까운 라인을 홀로 뛰어다니며 음료

제품이 잘 포장되고 있는지 살펴야 했다. 기계는 자주 멈췄고, 기계를 고치는 것도 이 군 몫이었다. 적재기 프레스에 목이 눌렸을 때도 그는 혼자였다. 이번 사고 이전에도 이 군은 두 차례나 다친 적이 있었다."

인간이 세상에서 모두가 함께 사는 곳이라는 것을 배우고 알았다면 이런 일이 발생했을까? 무감각한 신경계, 무감각한 감정계 모두 교육의 잘못이 아닐까? "인간다운 삶이란 어떻게 살아가야 하는 것인가?"에 대한 물음이 없는 우리 사회와 교육의 한 단면을 보여주는 것 같아 안타까울 뿐이다.

왜 이런 일이 사회 곳곳에서 반복되고 있는 것일까? 이 아이는 누구의 아이인가? 모두가 '내 아이'이고 '우리 아이'라고 생각할 때 세상은 변할 것이다. 제4차 산업혁명이라는 거대한 물결이 밀려온다고 하지만 교육의 근본 목적을 가지고 아이들에게 접근한다면 어떠한 변화가 와도 두렵지 않을 것이다. 그래서 아이들이 세상과 더불어 함께 '우리'라는 공동체를 이루며 살아가게 되기를 바란다.

【 3장 】

# 사람이 먼저인 아이로 키우기

# 01
# 기다림은 사람을 성장시킨다

사람들은 과거를 추억하며 살아간다.

나의 어린 시절로 시곗바늘을 잠시 돌려보겠다. 친구들과 토끼를 잡으려고 눈 덮인 산을 헤집고 다녔던 일, 형과 함께 산에서 놀다가 남의 묘지에 불이 붙어 정신없이 끄던 일, 개울가에서 송사리를 잡던 일, 형들과 학교에 가다가 중간에 놀면서 수영을 배우던 일, 형이 따라서 하라면 뒤에서 모든 동작을 따라하다 손목이 부러진 일 등 기억하고 싶지 않은 일들도 꽤 있다. 신기하게도 초등학교 1학년 담임 선생님의 성함은 아직도 기억하고 있다. 운동회에서 상 탔던 기억, 학창 시절 등은 그리움으로 남아 있다.

그중에서 가장 오래된 기억이라면 어떤 것을 손에 꼽을 수 있을까?

내가 몇 살 때였는지, 어느 계절이었는지 모르는 아주 오래된 기억도 있다.

시골 집 작은 방에서 내 엄지손가락을 바늘로 찌른 다음 고름을 입으로 빨아내던 할머니를 아직 기억하고 있다. 지금도 내 엄지손가락을 보면 그때가 생각난다. 당시 왼손 엄지손가락은 퉁퉁 부어 있었다. 못 같은 것에 찔려 상처가 곪아서 손톱이 빠졌는지도 모르겠다. 다만 시골에 살고 있으니 가까운 병원이 없어 할머니가 민간 치료를 해주었던 것이다.

이후 이 손가락은 어찌되었는지 기억에 남아 있는 것이 별로 없다. 다만 엄지손가락이 이상하게 생겼을 뿐이다. 그래서 왼손 엄지손가락을 볼 때면 어린 시절의 한 장면이 어렴풋이 떠오른다. 이 밖에 기억에도 없는 많은 사랑을 먹고 자랐던 것 같다. 그래서 사랑하는 방법을 배웠는지도 모르겠다.

그리고 또 하나의 기억이 떠오른다.

내가 7살 때 일인 것 같다. 할머니가 오일장에 볼 일을 보러 간다고 동생과 나를 남겨두고 길을 나서려던 참이다. 당시 동생은 3살이었다. 우리 형제는 언덕에 앉아 떠나는 할머니의 뒷모습을 바라보며 과자를 사다달라고 부탁했다.

점심밥은 방에 차려놓았고 금방 다녀오겠다며 할머니는 동네를 가로질러 마을을 빠져나갔다. 그래서 우리는 나름대로 할머니의 발걸음을 어림짐작하여 10리 길을 계산하며 시간을 보냈다.

남겨진 우리는 나란히 언덕에 앉아서 오후까지 있었다. 계산한 시간이 훌쩍 지났지만 할머니는 돌아오지 않았다. 점심도 거르고 무작정 기다리던 우리는 지루해서 돌팔매질도 하고, 두런두런 이야기도 나누었다.

그러다 해가 넘어갈 때쯤 동생이 물었다.

"할머니는 언제 올까?"

"곧 오시겠지. 오실 때가 됐어. 조금만 기다리자."

내 대답을 듣고도 동생은 지루했는지 시간이 좀 더 지나자 또 같은 질문을 했다.

서로 묻고 답하는 과정을 몇십 번을 반복했는지 모른다. 그래도 할머니는 오질 않았다.

언덕 너머 애타게 기다리던 할머니의 그림자조차 보이지를 않았다. 읍내까지 왕복했어도 몇 번 했을 시간과 거리가 되었건만 말이다. 그렇게 기다림은 이어졌고 애가 탔다. 동생이 묻고 나는 답해야 하는 시간이 너무 싫었다. 그리고 어둠이 내려앉자 저 멀리 동네 어귀에서 할머니의 모습이 보였다.

그런데 그 후의 기억은 없다. 아마도 할머니 손에는 강냉이가 들려 있었을 것이다. 그때의 기다림이 나에게 많은 시간과 귀한 마음을 지켜준 것 같다. 그래서 기다림에는 아직 오지 않은 것, 이뤄지지 않은 것, 그것들에 대한 나의 순하고 고운 감정들이 살아 있다.

요즘 같은 스마트한 시대에 누군가와 약속을 하고 10분, 20분 기다리는 것이 지루하고 힘들어 다투는 경우가 적지 않다고 한다. 우리는 '기다림'을 이겨내지 못하고 있다. 우리는 때로 가슴이 미어지는 기다림을 잊고 사는 것은 아닌지 모르겠다.

기다림은 정지 동작이 아니다. 기다림은 고통이 동반되지만 배려이며 사랑이며 믿음이다.

가장 귀한 것이 가장 귀한 모습으로 찾아올 때까지 기다리는 것이 기다림이 아닐까? 나를 고집하지 않고, 내 방법을 강요하지 않고, 내가 원하는 것을 억지로 이루려 하지 않고, 내가 가장 귀한 것을 바라보는 것이 기다림이 아닐까?

기다림 하면 생각나는 학생들이 많다. 그중에 오래도록 연락을 주고받는 여학생이 있다. 어느 날 그 여학생이 결혼을 앞두었다면서 나를 찾아왔다. 이야기를 나누다가 결혼하려는데 남자 친구의 어떤 부분이 마음에 들지 않는다며 어떻게 해야 하는지 물어왔다. 서로 다른 환경에서 자랐기에 당연히 다른 부분이 많을 수밖에 없을 것이다. 그래서 이렇게 말해주었다.

"사람에게는 누구나 결점이 있고 그 결점들 중에는 말 한마디로 고쳐지는 것이 있고, 어떤 결점은 평생을 가도 고치지 못하는 부분이 있을 수 있다. 네 자신이 평생을 가면서 고치지 못해도 네가 품고 갈 수 있을 자신이 있는지 생각해보고 선택해라."

나중에 그 제자에게서 연락이 왔다.

"선생님, 제가 선택했어요. 평생을 가지고 가야 할 것 같아요."

그렇다. 결국은 기다림이다. 상대의 변화를 기다리는 마음으로 같이 노력하면 좋은 방향으로 이뤄갈 것이다.

교사로서 아쉽게 생각되는 부분이 있다. 1년간 함께 생활하면서 생각보다 충분하게 기다려주지 못했다. 학기를 마무리 지을 때쯤 아이들로부터 그때는 서운했었다는 이야기를 듣기도 한다. 그럴 때면 "내가 더 기다려줘야 했는데, 미안했다"고 진심을 담아 사과한다.

어쩌면 요사이 현대인들의 중요한 특징 하나가 조급증이라고 할 수 있다. 평소 우리의 삶이 바쁘다 보니 모든 것을 빨리 처리하려고 한다. 특히 교사나 부모들은 아이들을 너무 조급하게 생각한다. 좀 더 기다려야 하는데, 기다려주어야 하는데 그렇게 하지를 못해서 상처가 나고 아프게 한다.

## 02
# 희망을 찾는 법

1967년 광산이 무너져 갱도가 매몰되었다 16일 만에 구조된 광부 소식을 초등학교 3학년 때쯤에 들었던 것 같다. 그리고 1980년 사북 관광 사태라고 불리는 엄청난 사건을 접했다. 다시 한 번 광산 관련 뉴스를 접한 기억은 1995년 6월이다. 삼풍백화점이 무너졌을 때 광부들이 투입되었다는 기사를 읽었다. 사람들은 그랬다. 광산은 가진 것이 없는 사람, 못 배운 사람, 의지할 곳이 없는 사람, 그런 사람이 가는 곳이란다. 나도 그런 사람이라 생각했다. 그래서 강원도로 가는 기차에 몸을 실었고 철암역에 내렸다.

1984년의 철암은 강원산업에서 운영하는 광산이 있던 곳이다. 조금 옆에는 석탄공사에서 운영하는 정선광업소가 자리하고 있었다.

나는 철암의 강원산업에 몸담았다. 해발 1,000미터의 산 8부 능선에는 갱으로 들어가는 입구가 있었다. 기숙사에서 갱 입구로 올라가는 아주 긴 계단도 기억난다. 출퇴근할 때마다 이 계단을 오르내렸다.

광산에는 선산부와 후산부가 있다. 선산부는 채탄을 캐는 갱 속에서 일하는 사람들을 가리키고, 후산부는 갱 속으로 들어가지 않고 밖에서 일하는 사람들을 가리킨다.

석탄은 산 위에서부터 아래로 내려가면서 캔다. 100미터를 '1편'이라고 한다. 일반적으로 100미터씩 잘라서 일을 진행한다. 당시 나는 7편(지하 700미터)과 8편(지하 800미터)에 내려가서 작업했다. 사람들은 해수면 아래로 내려가고 있다고 했다. 8편에서 일하는 사람들의 작업은 굴진이라고 하는데, 그곳은 돌가루가 많이 날려 건강 유지 수당도 적지 않았다.

채탄공이 되려면 먼저 체력 테스트를 거쳐야 한다. 10킬로그램 정도 되는 무게의 물건을 들고 갱 입구로 올라가는 계단을 달려 올라가야 한다. 나는 그런 시험을 거치지 않고 면접을 통과했다. 갱 입구로 들어갈 때는 군 장병들의 인식표처럼 생긴

것에 회사 사번이 적혀 있는 이름표가 필요하다. 내 사번이 찍혀 있는 이름표를 출근 판에 걸어두고 갱에 들어간다. 나올 때 그 이름표를 출근 판에 그냥 두고 퇴근하면 큰일이 난다. 내가 작업을 하다 실종이 되었다는 뜻이기 때문이다.

내가 일하던 곳은 막장이다. 막장에는 갱 밖에서 호스를 통해 산소를 들여오고, 소켓 등 한 개를 켜 갱의 어둠을 밝힌다. 물론 채탄공은 분진 마스크도 착용해야 한다.

당연히 머리에는 안전모를 쓰는데 안전모에는 헤드라이트가 달려 있다. 채탄공의 허리띠에는 B5 크기보다 조금 작은 배터리를 착용한다. 배터리에서 나온 선이 등을 타고 안전모와 연결되는 구조다. 퇴근할 때 충전을 맡기고 출근할 때 받아 허리에 착용하고 갱내에 들어간다. 만약 배터리가 없다면 막장까지 갈 수 없을뿐더러 일도 할 수 없다.

사람들은 어둠을 잘 모른다. 막장에 배터리가 없으면 너무 어두워서 작업을 진행할 수 없다. 모든 일도 머리에 달려 있는 헤드라이트로 가리키면서 진행한다. 무엇을 가져오라고 할 때도 손가락으로 가리키면 눈으로 식별할 수 없다. 항상 헤드라이트로 가리키면서 말한다. 얼마나 어두운지 바로 앞에 있는 내 손가락도 보이지 않는다.

그랬다. 나는 가진 것도, 배운 것도, 의지할 곳도 없는 그야말로 막장에 있는 사람이라는 생각을 했다.

그런데 그런 막장에서 나를 돌봐주던 사람이 있었다. 춘복이 형이다. 당시 30대 초반이던 춘복이 형은 철암의 광산촌 판잣집 사택에 살고 있었다. 그 사택은 산비탈에 판자로 얼기설기 늘어놓아 마치 이마를 맞대고 있는 것처럼 서로 이웃해 있었다. 옆집의 소리가 다 들릴 것 같은 그런 집으로 나를 불러 형수가 지어준 정성스러운 밥도 대접해주었다. 형은 무슨 일로 집행 유예를 받았는지 모르지만 이곳에서 좀 더 몸을 숨기며 살아야 한다고 했다. 형수와 어린 자녀가 사택에서 함께 지내고 있었다.

춘복이 형은 나에게 "너는 여기에 있을 사람이 아니"라고 했다. 형은 늘 나를 자극하고 격려해주었다. 형은 나에게 무엇이 있기에, 무엇을 가지고 있기에, 내가 어떻게 보인다고 그런 이야기를 했을까. 춘복이 형은 왜 나를 여기에 있을 사람이 아니라고 했을까.

숙소로 돌아오는 길에 고민해보았다. 춘복이 형은 나의 행동과 말 속에서 내가 보지 못하고 있는 것을 발견했는지 모르지만 다른 누구보다 나를 인정해주었다. 어쩌면 그것이 내가 가지고 있던 잠재력이었을까?

어느새 나는 춘복이 형이 기대하는 사람으로 변해가고 있었다. 자투리 시간이 나면 책을 읽고 공부했다. 그러나 여전히 광산을 내려가고 싶은 생각은 들지 않았다.

이곳에 와보니 나는 가진 것이 많은 사람이었다. 알고 있던 어둠과 직접 경험한 어둠은 확연하게 달랐다. 바로 한 치 앞도 볼 수 없는 어둠처럼 나의 생활 형편이 그런 줄 알고 있었다. 그러나 바로 앞도 볼 수 없을 만큼 어두운 삶을 살고 있지는 않았던 것이다. 나에게는 형제가 있었고, 친구가 있었다.

마음 한구석에서 조금씩 다시 시작할 수 있다는 자신감이 생겨났다. 참 감사한 일이었다. 또 어둠이 어떤 것인지 깨달을 수 있는 계기가 되었다. 정말로 어둠은 바로 눈앞의 손가락도 보이지 않는 것이다.

세상의 끝인 막장을 찾아갔지만 막장은 나에게 많은 것을 깨닫게 해주었다. 내게 주어진 환경은 바로 희망이었다. 이렇게 살아 있다는 것, 건강하다는 것, 그리고 밤하늘의 별들을 보면서 나를 지켜주는 많은 이의 기도가 있다는 것을 알게 되었다.

막장은 덥다. 언제나 여름이다. 공기가 흐르고 있지만 항상 여름이다.

하루 일과를 마치고 나오면서 배터리와 옷을 반납한 다음 샤워장으로 발걸음을 옮긴다. 샤워할 때 나는 동료의 얼굴을 알아보지 못한다. 탄가루가 날리고 땀이 나서 얼굴에 범벅이 되어 있기 때문이다. 가래를 뱉으면 검은 가래가 섞여 나오기 일쑤다. 샤워를 해도 화장을 한 사람처럼 탄가루가 씻기지 않아 눈가에는 아이라인이 그려져 있는 것처럼 검은색으로 남아 있을 정도다. 이 정도가 되면 나도 동료가 보이기 시작한다. 그들은 오래도록 함께 마주 보며 살아왔기 때문에 아마도 더 자세히 서로를 보고 있을 것이다.

어느 날 동료와 시간이 있어 주변을 산책했다. 철암역에서 젊은 부인이 아이를 업고 열차를 기다리고 있었다. 동료는 그 부인을 쳐다보더니 귀향하는 사람이라고 한다. 남편은 일에 지치고, 살길이 막막하여 도망을 가는 것 같다면서 말이다. 가방을 둘러메고 열차를 기다리는 젊은이도 더러 있었다.

나도 세상의 끝이라 생각하고 광산으로 도망을 왔는데, 이제는 집으로 돌아가야 하는 것은 아닌가 생각하기 시작했다. 내가 있을 곳이 여기가 아니면 과연 어디일까. 세상의 끝이라는 막장에서 일하고 있는데 더 어디로 가야 하는가.

스물넷이라는 젊은 날이 많이 아프게 지나갔지만 나를 인정해주고 믿어주던 춘복이 형이 있고, 가족이 있고, 기도해주는 많은 별이 있어 다시 일어설 수 있었다.

아이들을 바라보며 가끔 그때의 일을 생각한다. 그런데 녀석들은 자신의 장점을 제대로 보지 못한다. 내 눈에는 장점들이 보이는데 말이다. 얼마 전 "넌 운동 신경이 발달해서 체육 쪽으로 진로를 잡으면 어떠냐?"고 했더니 사실 "초등학교 때 달리기 선수로 상장도 많이 탔다"는 답이 돌아왔다. 어떤 녀석은 말을 조리 있게 참 잘해서 언어와 관련 있는 쪽을 공부하면 좋겠다고 언질을 해주었다.

아이들은 저마다 각기 다른 재능을 가지고 있다. 그러니 그 가능성은 무한하다.

03

# 가정 방문에서 만난 부모님들의 고민

아주 어린 시절, 나는 가정 방문을 한다고 하면 싫어했다. 내 형편을 보여야 하고 누군가 선생님을 맞이해야 하고 음식도 준비해야 한다는 생각에 몹시 불편했다. 그런데 가정 방문을 하고 돌아가는 선생님을 보면 기분이 좋았다. 왠지 선생님과 내가 좀 더 가까워졌다는 느낌이 들었다. 물론 나만의 착각이었는지 모르지만, 내 가정 사정을 조금은 알고 이해하리라 여겨졌기 때문일 것이다.

내가 가르치는 학생들의 가정 방문을 시작한 것은 입시 학원 강사로 종합반 담임을 하면서부터다. 당시에는 모든 학생의 집을 방문하지 않고 몇몇 가정만 찾아 다녔다. 그런데 생각보다 긍정적인 일들이 벌어졌다.

모든 것을 포기하고 그냥 이대로 살겠다던 학생, 방황하면서 어찌할 바를 모르는 학생, 가정의 어려움으로 고민하던 학생들을 중심으로 가정 방문을 했다. 상담 시 얻은 약간의 정보를 가지고 했던 가정 방문은 피상적으로 알던 상황을 부모를 통해 듣게 되니 학생을 이해하는 데 도움이 되었다.

재수생 학원의 아이들을 단체로 밤 기차에 태워 정동진으로 여행을 떠나기도 했다. 아이들이 입시로 바쁘지만 서로 마음을 알게 되는 좋은 기회가 되었다.

영화 〈노랑머리〉가 상영되던 1999년, 재수생 중에서 실제로 노랑머리를 한 학생이 있었다. 학원을 며칠씩 말없이 빠지던 이 학생의 집으로 찾아가 데리고 왔던 기억이 있다. 이 학생은 이후 열심히 공부해서 목적한 것을 이루며 살고 있다.

안타깝게도 지금의 시대는 남의 집을 방문하는 경우도 극히 드물고 이웃에게 집을 개방하지도 않는 시대에 살고 있다.

고등학교 임용 이후 담임을 하게 되었을 때 본격적으로 가정 방문을 시작했다. 어린 시절 내가 가정 방문에서 느꼈던 불편함을 없애면 좋은 방법이 되겠다고 생각해 몇 가지 원칙을 세우고 학부모에게 편지부터 보낸다.

'물 이외의 음식은 준비하지 말 것. 촌지는 사절. 10분에서 20분 정도 머무니 어려워 말 것. 짧은 시간 만나니 나눌 이야기 내용을 정리할 것.' 이런 내용의 가정 통신문을 학생들에게 읽어주고 발송한다.

학생들에게 며칠에 걸쳐 반복해서 의도와 취지를 설명해준다. 음식물과 촌지에 대한 나의 확고한 견해도 잊지 않고 설명한다. 촌지나 음식에 대해 여러 번 언급해도 촌지를 주는 경우도 있었고, 음식을 준비한 경우는 많았다. 촌지는 앞에서 바로 약속대로 양해와 이해를 구하고 거절한다. 음식은 단 한 번도 물(또는 차) 외에는 먹지 않았다. 차도 녹차 종류가 아니면 마시지 않았다. 내가 어느 집에서는 이런 것을 대접받았다는 이야기가 나온다면 나중에 공연한 오해가 생길 수 있기 때문이다.

가정 방문을 피하려는 학생과 학부모도 더러 있다. 그러나 꼭 의무적이라고는 생각하지 않는다. 가정 방문을 하지 않는다고 해서 학생을 대하는 데 차별을 두지 않는다. 오히려 신경을 더 쓰고 마음을 두고 지낸다. 그 가정 방문은 나를 돌아보는 계기가 된다.

몇 년 전 미정이네 가정 방문은 3월 중순쯤에 있었다. 평일

늦은 밤에 허름한 연립 주택 1층에서 아버지가 맞아주었다. 대부분 부모나 어머니를 중심으로 맞아주는데 아버지가 혼자서 나를 반겨주다니 좀 의아했다. 미정이 아버지가 먼저 말을 꺼내주었다. 작년 10월에 이혼하고 임시로 집을 얻어서 살고 있는데, 미정이가 집안일을 하고 중학생인 동생도 돌보며 학교에 다닌다는 것이다. 이런 사정 하나로 미정이의 많은 부분을 이해할 수 있었다.

내가 보고 있어서일까? 미정이는 차림새도 말끔하고 표정도 밝고 그늘이 없었다. 한마디로 생활의 어려움이 묻어나지 않았다. 나는 가끔씩 미정이 집 앞을 지나다 저녁도 같이 먹고, 지각할 것 같으면 달려가 데려오기도 하면서 고3 1년을 보냈다. 가정 방문 후 이 아이에게 별다른 이야기를 하지 않았다. 보통의 고3 학생들처럼 지냈을 뿐이다.

졸업 여행에서 나는 "미정이가 잘 자라줘서 고맙다"는 마음을 전했다. 그런데 미정이는 이 말 한마디에 말없이 펑펑 울었다. 왜 우는지 친구들은 모르겠지만 이 아이는 자신을 알아주고 늘 곁에 있어주는 사람이 있다는 사실이 그저 고맙기만 했을 것이다.

영철이는 지각을 밥 먹듯이 한다. 학교에서 주로 잠을 자고 졸기를 반복하면서 지내는 덩치 큰 녀석이다. 환갑을 훌쩍 넘긴 영철이의 어머니는 외동아들을 키우며 생계를 유지하고 있었다. 노모는 시장에서 양파를 까거나 배추를 다듬거나 도라지 껍질를 벗기는 등 허드렛일을 하면서 뒷바라지를 하고 있었다. 이런 형편이니 어머니가 학교에 올 수 없었을 것이다.

귀한 자식의 학교 담임이 온다고 하니 많이 기다렸다고 한다. 삶은 궁색했지만 깔끔하게 정리된 집을 보면서 정성에 놀랐다. 어머니는 영철이가 학교에 잘 다니고 있고, 수업 시간에 잔다는 사실은 꿈에도 생각지 못하고 있었다. 그래서 나는 학교 수업 시간에 많이 졸고 있다면서 집에 무슨 일이 있거나 저녁 늦게까지 공부를 하느냐고 물었다. 순간 어머니는 눈물을 흘리셨다. 그럴 줄은 몰랐단다. 지금까지 끼니 한 번 거른 적이 없고, 필요한 것은 무엇이나 다 해주었단다.

가정 방문은 이 어머니와 아들 사이에서 내가 무엇을 해야 하는지 고민하는 계기가 되었다.

가정 방문을 하면 가정사를 이해하게 되니 서로의 마음이 가까워진다. 어머니가 남양만에서 가게를 운영하는 수아는 동생을 돌보며 어머니와 떨어져 지낸다. 어머니가 자주 못 오시니 조금 챙겨주었다. 밭에서 기른 상추도 가져다주고, 주말에는 과일도 사다두고 오곤 했다. 이런 정은 지금도 이어지고 있다. 수아가 성장하여 결혼한다는 소식을 전해주었으니 말이다.

학교에 혼자서 친구들과 이야기를 하지 않는 미숙이가 있었다. 등교하면 늘 혼자 앉아 있다가 하교하는 미숙이는 가정 방문한 후에 상황을 알 수 있었다.

아버지와 집안 어른들의 지나친 기대와 관심으로 미숙이는 부담이 너무 컸나 보다. 그래서 친구들과 단절된 채, 아니 세상과 단절된 채 아무와도 이야기하고 싶지 않다는 것이다. 이 상황이 계속된다면 아마 미숙이는 극단적인 행동을 하게 되리라.

부모님께 학교에서 생활하는 모습과 공부에 대한 부담을 주지 말아달라고 부탁했다. 더불어 부모님과 함께 정신과 상담을 받아봤으면 좋겠다고 정중하게 부탁했다. 만약 가정 방문을 하지 않았다면 어땠을까? 아마 위험한 지경까지 갔으리라. 모든 것을 멀리하고 음식까지 거부했던 아이가 병원 상담을 통해 조금씩 마음을 열기 시작했다. 가끔 미숙이를 전화로 불러내서 둘이 안양천을 걷기도 했다. 아이가 무엇인가 말하려다 입속으로 삼키기도 했지만, 예전에 비해 조금씩 세상에 자신을 보여주려는 시도를 하기 시작해 반가웠다.

목사의 아들로 장래에 목사가 되겠다던 대림이가 있었다. 대림이는 어려서부터 부모의 영향을 받아 당연히 아버지의 대를 이어 목사가 되는 것이 꿈이었다.

가정 방문을 통해 부모가 편협된 사고를 가지고 있는 것 같아 이 아이의 장래를 고민하기 시작했다. 세상은 변하고 있는데 부모의 사고는 경직되어 있었기 때문이다.

나는 이 아이가 일반 대학교 일반 학과에 진학하기를 바랐다. 부모님을 설득해 대림이는 영어과에 원서를 넣었고, 영어과에 진학한 후 사회 복지를 부전공한다는 소식을 들었다. 이제 대림이가 신학교에 진학하겠다면 나는 기꺼이 추천서를 써줄 참이다.

가정 방문은 학생과 부모를 이해하는 데 아주 좋은 방법이다. 요사이 한부모 가정, 다문화 가정이 많은데 이들의 사정을 이해하는 방법이 무엇일까 고민해보았다. 무엇을 알아내기 위해 가정 방문을 하는 것이 아니라 내가 만나는 아이에 대해 더 잘 이해하기 위해 가정 방문을 하는 것이다.

가정 방문에서 가장 우려되는 것은 아무래도 학부모의 부담감이다. 가정 통신문 편지를 보내지만 그래도 부담스러워하는 경우가 종종 있다. 이럴 땐 순서를 뒤로 미루고, 부담이 없는 집부터 가정 방문을 순차적으로 진행해보라고 권하고 싶다.

## 04
# 스펙보다 삶의 가치를 가르쳐라

1년이 끝나갈 때인 12월에서 2월 사이에 교사들은 시간적 여유가 있어 학생들을 대상으로 설문 조사를 한다. 결혼한다면 결혼하고 싶은 대상은? 우리 중에 누가 결혼을 가장 빨리할까? 우리 중에 사고 쳐서 가장 먼저 결혼할 것 같은 사람은? 우리 중에 사기 쳐서 교도소에 갈 것 같은 사람은? 인간성이 좋아 일이 잘 풀릴 것 같은 사람은? 사업을 한다면 누구와 같이하고 싶은가? 장난스런 질문도 만든다.

이처럼 다양하고 재미있는 질문지를 만들어 수업 시간을 보낸다. 질문지의 대답은 기대와 다르다. 공부를 잘하는 친구를 선택할 것 같으나 그렇지 않다. 공부만 잘한다고 선택 받지 못한다. 그래서 자신이 친구들에게 어떤 사람으로 평가되는지 알아보는 것도 가끔은 시도해볼 만하다.

사람을 평가한다는 것은 여러 문제를 가지고 있지만 자신을 '친구들이 어떻게 생각하고 있는지'는 늘 관심거리다. 사기를 쳐서 교도소에 갈 사람으로 선택되면 어떻게 될까? 선택 받은 친구는 자신은 결코 그런 사람이 아니라며 난색을 표한다. 사실이 친구는 성격이 좋고 누구와도 잘 어울린다. 그리고 사업을 함께하고 싶은 사람으로 다수표를 받은 친구는 친구들의 부러움을 산다. 결혼 대상으로 선택 받은 사람도 입이 헤벌쭉 벌어진다.

공부를 좀 한다는 아이들 중에는 상대적으로 성격이 까칠하거나 주변에서 불편해하는 경우가 적지 않다. 원인을 꼽으라면 입시 위주의 교육이 만들어낸 결과이겠지만 말이다. 정이 없다고 할까?

몇 년 전 일인 것 같다. 수시로 대학을 합격한 A는 따뜻한 축하를 받지 못했다. B는 할 수만 있다면 대학에 연락해 A를 불합격시켜달라고 말하고 싶다고 한다. A는 그만큼 친구들과 갈등이 있었고 친구들을 힘들게 했다.

A는 수시 전형에 3학년 1학기까지 성적이 반영되니 2학기부

터 학교에 등교하지 않거나 등교를 하더라도 지각, 조퇴 같은 방법을 택하고, 수업 시간에 잠을 자는 학생이었다. 수시 입시 제도의 폐해다. 이런 학생 같은 경우가 적지 않아서 수시 전형 날짜를 조정하거나 발표 날짜를 조절하고 있으나 난감할 뿐이다.

학생들을 만나면서 가장 어려운 일은 학생들끼리 다투는 경우를 꼽을 수 있다. 특히 학생들 사이에 편을 지어 싸울(?) 때는 입장이 매우 난처하다. 말 하나와 행동 하나에서 오해를 불러일으킬 수 있기 때문이다. 그래서 나는 가급적 중간에 끼어들지 않는다. 잘잘못을 가려줄 능력도 없지만, 결과에 따라 편애한다는 말을 들을 수 있기 때문이다.

나에게는 공부를 하라고 했던 사람이 있다. 5년 정도 연상의 강성호 형(1987년 작고)은 젊은 시절 "나에게 공부하라"면서 당시 매달 20만 원씩 보내주었다. 형은 돈을 벌고 나는 공부해서 나중에 둘이 학교를 세우자면서 말이다. 지금 가치로 환산하면 꽤 큰돈이 아니었을까 싶다.

그렇게 하려면 가족의 동의를 얻어야 했을 것이다. 누구에게 이 고마움을 갚을 수 있을까? 그래서 나는 교사가 되어야 했고 형이 바라던 교사의 삶을 살아가려고 애쓴다. 그렇다면 형의 고귀한 정신을 나는 몇 퍼센트나 따라가고 있을까? 스스로에게 자주 묻는 질문이다. 만약에 형을 만나지 못했다면 나는 교사가 되어도 평범한 교사로 만족하며 살았을지 모른다.

그렇다. 우리는 누구를 만나느냐가 중요하다. 특히 청소년 시기에 어떤 사람을 만나느냐는 아주 중요하다. '진정한 친구'를 만날 수 있다면 더 좋을 것이다. 그런 친구들을 모두 하나쯤 만나기를 바란다.

사람들과 만나면서 믿음이 생기는 사람은 어떤 사람일까? 내가 상대방의 입장이 되어보는 것, 내 기분보다 상대방의 기분을 존중하는 것, 그런 마음으로 말하고 행동한다면 얼마나 좋을까? 역지사지를 생각해보면 좋으련만 아이들은 마음의 여유가 없다. 17살을 전후해 이렇게 한다는 것이 불가능할지도 모르겠다. 그래도 말을 하고 돌아서서 자신이 한 말을, 혹은 행동을 한 번 곱씹어보자.

동료나 학생들이 힘들어할 때 "내가 좀 도와줄까?", "밥 한번 먹을까?", "기분이 나쁜 것 같은데 무슨 일 있어?", "무슨 일 있는 것 아니야?"라고 묻곤 한다. 그러면 아이들은 금방 마음의 문을 연다. 별것도 아닌 이런 말 한마디가 천 냥 빚을 갚을 수 있는데, 이런 말들을 서로 주고받으면서 살아갔으면 좋겠다.

사람의 마음을 얻는다는 것은 어렵기도 하고 쉽기도 하다. 아이들도 같다. 둘만 있을 때 가볍게 "요사이 어떻게 지내니?" 라는 말이 아이에게 큰 힘이 되어준다. 이것이 '배려'일까? 함께 더불어 살아가려면 서로의 마음을 살펴주어야 한다. 어쩌면 아무것도 아닌 이 일이 가장 어려운 것인지 모른다.

대학 다닐 때 일이다. 저녁 무렵 일산에 사는 후배 집에 들를 일이 있었다. 후배 부모님께 큰절을 올리고 무릎을 꿇고 앉아 있으니, 편하게 앉으라고 한다. 함께 저녁을 먹고 인사하고 후배의 집을 나왔다. 몇 년 후 갑자기 후배 춘부장으로부터 연락이 왔다. 서로 안부를 주고받은 다음 종로에서 만났는데, 당신의 사무실에 나와 일을 해보면 어떻겠냐는 제안을 해왔다. 그리고 사업 관련 이야기를 하며 뜻밖에 사업의 후계자로 낙점했다고 했다. 순간 머뭇거리기는 했지만, 저는 교사가 되기로 하였으니 해당 사업을 할 수 없다고 단호하게 의견을 전했다.

1988년 즈음 일이다. 다른 분에게서 또 한 번의 제안을 받았다. 크게 사업을 하는데 그중에서 한곳을 맡아달라고 말이다. 당시 제안한 보수가 지금의 내 봉급과 맞먹는 액수이니 제법 큰돈을 만질 수 있는 기회였다.

만약 그때 그 일을 선택했다면 어떻게 되었을까? 왜 그분들은 나에게 사업을 부탁했을까? 가만히 생각해보니 믿을 수 있는 사람이 없어서 아닐까 싶다. 그래서 나에게까지 순서가 돌아온 것이다. 나는 과연 믿을 수 있는 사람인가? 어떻게 믿을 수 있는 사람이 되었을까?

나는 주어진 일에서, 사람과의 관계에서 소중한 가치들을 지키며 성실하게 살았다.

지금 내 이야기를 하려고 하는 것이 아니다. 제4차 산업혁명 시대는 사람이 필요한 시대다. 취업 준비생들이 많은데, 기업에서는 뽑을 사람이 없다고 아우성이다. 사람은 많은데 사람이 없다니! 결국 일이라는 것은 사람과 사람이 하는 것인데 일을 믿고 맡길 수 있는 사람이 없다는 것이다.

21세기는 스펙으로 사람을 평가하는 시대다. 그러니 너도나도 스펙을 쌓느라 분주하다. 그 스펙을 가지고 취업을 위해 매진하는 것이 우리의 현실이다. 그러나 나는 자신이 '어떤 가치를 가지고 살아갈 것인가?'에 우선순위를 두고 산다면 단언컨대 '일을 믿고 맡길 수 있는 사람이 되어 있을 것'이라고 생각한다.

## 05
# 궁궐 나들이에서 배운 장점 찾는 법

2007년경, 수능을 치른 다음 아이들과 함께 여기저기 다녔다. 그중에는 궁궐 관람도 들어 있었는데 특히 경복궁이 기억에 남는다.

특별히 일산에서 아이들을 위해 시간을 내서 온 궁궐지킴이 덕분에 경회루, 건천궁 등에 들러 조선 시대 역사와 건물에 얽힌 일화, 건축 양식 등 풍부한 해설을 들을 수 있었다. 순간 역사를 전공한 사람으로서 양심의 가책을 느꼈다. 아이들과 교과서에 나오는 곳만 데리고 다니면 그만이라고 생각했는데, 누군가의 봉사로 세상을 좀 더 넓게 볼 수 있다는 사실을 깨닫게 된 것이다.

그래서 재능 기부를 떠올렸고 한국의 재발견(궁궐지킴이)이라는 단체를 알게 되어 교육, 시험, 실습 등을 거쳐 궁궐지킴이가 되었다.

교육 받은 지킴이들의 안내 장소는 경복궁, 창덕궁, 창경궁, 경운궁(덕수궁), 종묘다. 그중 한 곳을 선택할 수 있는데 나는 덕수궁을 안내하기로 했다. 이유는 집에서 교통이 가장 편리한 곳이기 때문이다. 물론 근현대사와 관련된 사건들이 많아 이야기할 것이 많다는 것도 한몫했다. 그 후로 주말 격주마다 덕수궁에 들러 궁내, 환구단, 석조전 등을 안내하고 있다.

토요일이면 궁궐 안내를 우선순위에 두고 가급적 결석하지 않으려고 노력한다. 봉사는 시간이 남아서 하는 것이 아니라 시간을 투자해서 해야 한다. 정해진 시간에 맞지 않으면 동료 궁궐지킴이들의 도움으로 시간을 바꿔서라도 안내를 빼먹지 않는다. 그래도 1년에 몇 번은 결석을 하게 되어 동료들에게 미안하다.

나는 건물 하나하나를 안내하면서 문화재를 보는 방법들을 알려주지만, 그것보다 건물은 안내 책자를 통해 이해할 수 있으니 다른 곳으로 눈을 돌려보라고 권하고 싶다.

내가 궁금했던 것에 대한 깨달음도 함께 나누려고 노력한다.

보이는 것이 다가 아니라 보이지 않는 곳에서 깨닫고 느끼기를 바라는 것이다.

덕수궁에는 건물들이 많다. 사연이 있는 건물도 있고 사건이 있었던 건물도 있다. 지금 거기에 변함없이 서 있는 것도 있고, 옮겨온 것도 있으며, 이름이 바뀐 것도 있다. 어떤 건물은 1592년 이후 임시 궁궐로 써왔고, 여러 번 불에 타고 다시 세워지는 과정을 거친 것도 있다. 또 어떤 건물의 임금이 앉아 있던 자리에 앉아보면, 시원하게 바람이 불어오는 것을 느낄 수 있다.

있는 그대로를 보는 것도 중요하지만 그 속에 감춰진 사건들을 알게 되면 보이지 않던 더 많은 것을 보게 된다. 우리의 마음도 그렇다. 사람들의 마음을 가만히 들여다보면 더 많은 것을 이해할 수 있다. 하물며 내면의 것을 들여다보면 오죽하겠는가. 이 아이는 왜 이럴까 하고 이해하려 애쓰다 보면 그 마음을 이해할 수 있게 된다. 우리 마음의 내면을 들여다보면 모두 이해할 수 있을 것이다. 그래서 그 아이의 입장에서 깊이 관찰하고 살펴보라고 권하고 싶다.

덕수궁을 안내할 때 임진왜란을 설명하면서 전쟁에 임하는 왕실과 관리들의 대처법과 우리 백성들이 어떻게 싸웠는지 들려주기도 한다.

목조 건물의 특징도 빼놓을 수 없다. 분합문으로 된 문은 접었다 폈다 하면서 여름에 문을 열어 바람이 모든 방향에서 들어오게 하고, 겨울에는 모든 문을 닫아 바람을 막는다. 여름과 겨울에 태양의 높이에 따라 처마를 거쳐 여름날에는 햇빛이 마루를 올라가지 못하고 겨울에는 방 끝까지 햇빛이 다다른다.

선조들의 지혜를 아파트에 적용하면 어떨까? 베란다가 상하지 않고 비가 스며들지 않을 것이다. 이처럼 궁궐을 산책하며 무심하게 지나쳤던 것에 대한 관심을 가질 수 있는 기회가 되기를 바란다. 그리고 사물을 바라볼 때 '왜'라는 의문을 가진다면 더할 나위 없을 것이다.

궁궐에는 문들이 트여 있다. 문을 들어갈 때 경계를 주의 깊게 보라고 한다. 문을 바라보면서 출입구가 몇 개인지 세어보고 문의 크기가 다르다는 사실을 인지시킨다.

따라서 문으로 출입하는 사람들의 신분도 다르다. 집 안에 손님이 오면 어떤 사람은 대문에서 만나고, 어떤 사람은 마당까지, 또 어떤 사람은 응접실까지 들어올 수 있다.

궁궐도 그렇다. 아무나 모든 문을 통과하는 것은 아니다. 그래서 문지방이 중요하다. 목조 건물의 문지방은 앉지 말고 밟지 말고 넘어가야 한다.

① 석어당 뒤 기둥의 쇠붙이, ② 정관헌 옆 담장의 문양, ③ 덕수궁 중화전 안 어좌로 올라가는 계단 옆 난간, ④ 전철역 난간의 문양

'인간사에서도 경계가 있고 예의가 존재한다'는 말과 일맥상통한다. 인간이 인간을 밟지 말아야 하고 인간 위에 인간이 앉아도 안 된다. 사람은 인간 본래의 가치가 있고 모두가 존중 받아야 함을 문화재를 통해 알게 된다.

석어당 뒤 기둥에 ① 같은 쇠붙이가 붙어 있다. ①은 단순히 건물을 단단하게 지탱하려고 붙여둔 쇠붙이가 아니다. 처음에 '이 쇠붙이가 왜 저기에 있을까?'를 고민했다. 궁궐에 들를 때마다 궁리하던 어느 날, 가만히 보니 卍 자가 보이기 시작했다. 놀랍게도 ㅜ 와 ㅗ를 가지고 만든 卍 자 문양이다.

그렇다면 이 문양은 어디에서 왔을까? 정관헌 옆 담장에 ② 같은 문양이 눈에 띄었다. 그렇다. '무시무종無始無終' 문양이다. 시작도 없고 끝도 없이 영원 무궁히 왕조의 역사가 이어지기를 바라는 마음에서 이 문양을 사용한 것이다.

중화전 안 어좌로 올라가는 계단 옆 난간에 ③에도 ㅜ 와 ㅗ가 많았다. 그러고 보니 궁궐 여러 곳곳에 동양 철학이 숨겨져 있었던 것이다.

요사이 전철역 난간에도 ④같이 ㅜ 와 ㅗ로 만들어진 문양이 여러 곳 눈에 띈다.

아이들도 그렇다. 처음에 보면 아이의 장점들이 잘 보이지 않는다. 자세히 보면 어느 날인가부터 보인다. 그리고 보면 볼수록 더 많은 장점과 재능이 보인다. 이렇듯 나는 어느새 문화재를 통해서 아이들을 보는 법을 배우고 있었다.

배움은 혼자서 깨달을 수도 있고 누군가를 통해서 깨달을 수도 한다. 나는 덕수궁에 들르는 날이면 시간을 내서 다른 궁궐에 혼자 돌아다닌다. 보이지 않았던 것을 볼 수 있지는 않을까 하는 마음에서 돌아 다니는 것이다. 그러다 우연히 나처럼 혼자서 궁궐을 거닐던 Y대학의 모 교수도 만나고 한문화연구소 소장도 만나 고견을 듣기도 한다. 그러다 보면 서로가 가지고 있는 지식을 나누기도 한다. 이렇게 부족한 부분을 서로를 통해서 채워나가고 있다.

【 4장 】

# 가르치지 않고 깨닫게 하는 인성 교육

## 01
# '해냈다'는 소중한 감정을 알려준 단축 마라톤

2003년쯤 일이다. 방학 중에 우리 집에서 아이들과 텐트를 치고 야영하다 허리를 다쳐 움직이기 어렵게 되었다. 병원에서는 3개월 이상 물리 치료를 받아야 한다고 했다. 그러면서 '걷기'를 추천 받았다.

처음에는 그냥 걸었다. 사흘쯤 걸었던 것 같다. 틈이 나는 대로 집에서도 걸었다. 그리고 달리기를 시작했다. 일주일이 지나자 이 기회에 마라톤을 하는 게 어떨까 싶었다. 아프던 허리는 걷고 달리기를 통해 한 달이 되기 전 회복되었다.

당시 3학년 담임을 맡고 있었는데, 한 반 인원이 40명 정도였다. 한 명을 위해 1킬로미터씩 달리면 40킬로미터, 그리고 나를 위해 2.195킬로미터를 달리면 어떨까? 일단 파주 임진각에서 개최하는 통일마라톤부터 접수했다.

이렇게 마라톤과의 인연은 시작되었다. 그 후 3월과 10월, 매년 두 번의 풀코스를 달렸다. 3월에는 새로운 아이들을 만나면서 달렸다. 10월은 아이들을 시험장에 보내면서 마음속에 품고 달렸다. 아이들의 이름을 새기면서 달리는 순간은 소중했다.

3월 마라톤을 하면서 처음 대하는 낯선 이름들을 외우다 보니 학급에 돌아와 아이들과 금세 친해진다. 마라톤으로 얻은 부수입이다. 시험장에 보내기 위해 달리는 10월 15일 전후의 마라톤은 더 큰 의미가 있다. 몇 개월 동안 사귀고 마음에 품고 지냈던 아이들이 이제 입시라는 큰 관문에 들어가는 중요한 시간이다. 최선을 다해 소중한 시간을 허투루 쓰지 않기를 바라면서 달린다.

아린 마음으로 달리다 보니 모두가 소중한 아이로 각인된다. 나는 아이들에게 사랑한다는 말을 한 번도 하지 않았다. 과연 아이들이 내 마음을 알까?

몇 년간 마라톤을 해오다가 2008년쯤 맡았던 반의 성각이가 불면증으로 학교만 오면 하루 종일 잠을 잔다는 사실을 알게 되었다. 당시는 야간 자습을 의무적으로 해야 하는 시대였다.

나는 성각이에게 하루에 1시간 정도 운동하면 야간 자습을 제외시켜주겠다고 제안했다. 이 아이는 사람들과 이야기할 때 눈을 제대로 맞추지 못했고, 팔목에는 자해로 상처가 나 있었다. 1~2학년 때는 문제 학생으로 리스트에 올라와 있었고, 3학년이 되자 상담 일지가 내 손에 전달되었던 녀석이다.

녀석과 수업이 끝나면 함께 운동을 했다. 처음에는 30분 정도 이야기하면서 걸었고, 조금씩 속도와 시간을 늘려 30분, 1시간씩 달렸다. 그리고 바로 단축 마라톤 10킬로미터에 접수를 했다. 성각이는 수업이 끝나고 매일 운동을 하면서, 운동 후에 피곤하여 집에 돌아가 잠을 푹 자고 등교하는 정상적인 생활로 돌아갔다.

변화가 나타나기 시작했다. 운동으로 치유가 된다는 이야기를 들었지만 이렇게 심한 병까지 치유되는 것을 직접 경험하게 될 줄은 몰랐다. 4월에 녀석과 10킬로미터에 도전하여 완주하면서, 처음으로 단둘이 한강변 10킬로미터를 뛸 때 "이렇게 기분이 좋을 줄은 몰랐다"는 말을 들으니 기분이 참 좋았다.

이 일은 하프 마라톤에 도전하는 계기가 되었다. 지속적으로 운동한 결과 성각이는 개근을 하게 되었다. 이 경험을 바탕으로 고등학교 3학년 학생들을 대상으로 매년 몇 명씩 묶어서

처음에는 몇 명이 시작한 마라톤

마라톤에 도전했다.

함께 마라톤을 했던 녀석 중에 2017년, 경찰이 되었다는 연락이 왔다. 학생 시절 담배 골초였던 녀석이 경찰이 되었다고 한다. 아마 좋은 경찰이 될 수 있을 것이다.

그렇게 몇 년이 지나면서 새로운 학생들의 담임을 맡았다. 변함없이 몇 명이서 마라톤을 가려고 종례 시간에 의향을 물었다. 그런데 뜻밖에 "모두 함께 가는 것이 아니냐"고 아이들이 되레 묻는다. 깜짝 놀랐다. 내 반이 되면 1년간 같이해야 하는 학급 활동으로 자연스럽게 인식되면서 마라톤도 자연스럽게 반 전체의 행사가 되어 있었다.

그런데 예산이 문제다. 나는 반에서 활동하는 비용은 학생에게 부담시키지 않는다. 교육은 무상이어야 한다는 지론이다. 30명(참가비 2만 5,000원이나 3만 원)이면 약간의 비용이 든다. 그래서 주최 측에 연락해 사정을 이야기하고 할인을 받아 매년 출전하고 있다. 다행스럽게도 거절했던 기관은 없었다. 참 고마운 일이다.

학생들과 함께하는 행사는 여러 곳에서 도움을 받을 수밖에 없다. 매년 중간고사 후 마라톤을 하고 나면 에피소드가 생긴다. 학생들과 출발하면서 중간 지점까지는 절대 속도를 내지 말고 반환점을 돌아서면 마음껏 뛰라고 당부한다.

21.0975킬로미터 구간에 출전한 남학생들이 먼저 출발하고 나면 여학생들은 나중에 시간 차를 두고 나와 함께 출발한다. 나는 여학생들이 5킬로미터 지점에서 반환점을 돌 때 한 명씩 사진을 찍은 다음 보내는 습관이 있다. 이렇게 여학생들을 보내고 나는 21.0975를 향해 달린다. 조금 달리면 거의 매번 6킬로미터 지점에서 지쳐 있는 녀석들이 눈에 띈다. 아마도 걷다가 뛰고, 뛰다가 걷기를 반복하고 있었나 보다. 내가 배웠듯이 다시 몸을 풀고 호흡을 가다듬으며 조금씩 달리는 수밖에 없다.

준비한 만큼 결과가 나오는 마라톤. 우리 인생도 같은 것이라고 생각한다. 반환점을 돌아 앞에서 달려가는 아이들을 따라잡으며 잠깐씩 이야기를 나눈다. 준비의 중요성, 우리가 가야 할 인생 길 등을 이야기해주며 또 뒤에 두고 떠나며 한 명씩 따라간다.

그러나 이 아이들에게 마라톤 코스는 멀고 먼 길이다. 왜 이 미친 짓을 하는 것일까? 왜 이 힘든 것을 혼자서 미련하게 달리고 있을까? 선생이 왜 이런 것을 하라고 하는지 의아할 수도 있다. 무거워지는 다리를 끌면서 아이들은 생각할 것이다. 그러나 나는 아이들의 가능성을 믿어 의심치 않는다. 내가 주고자 했던 것보다 훨씬 더 많은 것을 느끼며 아이들은 달리고 달려서 골인 지점에 들어설 것이다.

마라톤이 끝나면 아이들과 콩나물국밥을 먹는다. 국밥을 먹으면서 각자 숨겨둔 자신들만의 어려웠던 이야기를 솔직하게 나누고 마음속에 간직한다.

단축 마라톤을 통해 아이들이 '준비의 필요성'을 알았으면 좋겠다. 마라톤은 준비한 사람이면 누구나 무리 없이 달릴 수 있다. 아니 준비가 없어도 의지만 있으면 할 수 있다. 시간이 문제이지 언젠가는 골인 지점에 도착할 수 있다.

나는 아이들이 힘들게 달렸으면 한다. 그래서 4월에는 연습을 하든 말든 그냥 내버려둔다. 10월 두 번째 마라톤에 출전할 때쯤이면 시간을 단축하라고 주문한다.

교사는 학급 행사를 진행할 때 분명한 이유가 있어야 한다. 남들이 같이한다고 방심해서는 안 된다. 자신이 먼저 철학을 가지고 있어야 아이들은 '가치'를 알고 의미를 느낀다는 점을 명심해야 한다.

# 02
# 서로 의지하는 법을 배운 도보 여행

나는 주로 고등학교 3학년 담임을 맡았다. 입시에 지쳐가는 아이들을 데리고 다니기를 좋아하는데 아이들에게 여유가 없다. 그래서 늘 시험이 끝나는 날, 즉 시험 마지막 날 기회를 잡는다. 아이들에게 예고했지만 1학기 기말고사가 끝나는 날, 순례의 길을 떠난다. 아이들이 이름 붙여준 무박 도보 여행이다.

벌써 몇 년째 이어져오고 있다. 처음에는 한강을 따라 걸었다. 서울 강동대교부터 성산대교까지 강을 따라 걷는 34킬로미터 코스다. 34킬로미터를 걷고 마포구청역에서 전철을 타고 돌아오는 방법이 문제가 되었다. 지친 몸으로 전철을 타고 귀가하다 정거장을 지나치거나 환승역에서 다른 곳으로 가게 되는 경우가 발생했다. 또 물집이 잡힌 발로 먼 길을 버스나 전철로 이동하는 것은 무리가 따랐다.

그래서 도보 여행 코스를 변경하였다. 서빙고에서 출발하여 한강을 따라 걷다가 안양천 합수부를 지나고 안양천을 따라 안양 석수동 만안교까지 걷는 34~35킬로미터 코스다.

1학기 기말고사가 끝나는 시기는 장마철이 겹쳐 비가 오지 않는다면 행운이다. 걸을 때마다 비를 만나 난처하기도 했다. 그냥 걸어도 힘든 여정인데 발이 물로 퉁퉁 불어 고통스러울 수밖에 없다. 한강 물이 불어온다고 학교 관리자 분들이 걱정해서 수상안전교육센터에 들러 안전을 문의하고 출발했다.

마실 물, 간식, 평소에 신던 신발, 우비, 우산, 여벌 옷, 양말 등을 어깨에 메는 가방에 챙기라고 당부한다. 이때 꼭 자신의 가방에 자신의 물건을 챙겨야 한다. 그래야 의미가 있다. 우리는 각자 자신만의 짐을 지고 살아가기 때문이다. 가급적 남에게 맡기지 말라고 당부한다. 이런 말을 하면 아이들은 힘이 들어도 자신의 것을 남에게 맡기지 않으려고 한다.

매년 무박 도보 여행을 하는 날이면 시험이 끝나고 노래방에서 스트레스를 마음껏 푼 학생들은 각자 혹은 친구들과 서빙고역에 도착한 다음 2번 출구로 내려가면서 몰려든다. 저녁 7시가 지나면 전화가 걸려온다. 차를 잘못 탔다고 기다려달란다. 나는 인생은 기다려주질 않는다고 말한다. 그러나 그동안 훈련이 되어서인지 아니면 정말 내가 말하는 의미를 알아서인지 늦는 경우는 거의 없다.

서빙고역에서 저녁 7시 30분에 모여 출발을 하는데, 지각하면 기다리지 않는다. "인생은 기다려주질 않는다"란 말을 지키고 싶어서다.

반 단체 활동은 자율이다. 가급적이면 함께 참여하기를 바란다. 집합 장소인 서빙고역에 모여 단체 사진을 찍은 다음 아이들에게 "여러분과 같이 걷고 있는 동행이 누구인가를 눈여겨보라"고 말한다.

들떠 있는 아이들의 모습을 보면 나도 좋다. 만약을 대비해 졸업생 제자도 부른다. 졸업생은 큰 힘이 되어준다. 먼저 걸었기에 힘듦을 알지만 의젓하게 걸어가는 뒷모습을 보면 자랑스럽다. 지금 걷는 아이들 중에도 후배들을 위해 다음에 함께 걸어주는 아이가 나올 것이다. 만약 약속 시간에 늦는 아이가 있으면 졸업생이 남아서 기다린다. 늦은 만큼 우리 일행을 따라잡기 위해 힘써야 함도 잊지 않게 장치를 하는 것이다.

야간 도보 여행은 우리가 살아가며 시시때때로 만나는 함께 살아가는 동행을 생각하고, 힘들 때 동행이 내 곁에 있다는 것을 알게 하고 싶어 기획했다. 잠수교를 건너며 어두워가는 한강변의 야경에 들뜨는 아이들을 보며 긴장한다.

처음에는 안전에 신경 쓰면서 걷는다. 아이들과 서둘러 걸으며 나도 야경에 흠뻑 젖는다. 아이들은 수다를 떨며 친한 친구와 손을 잡는다. 한강변에 보이는 강태공, 버스킹 공연, 조깅하는 시민들을 지나쳐 간다. 2시간 정도 걸어서 여의도에 도착하면 서서히 지쳐가겠지!

여의도까지는 빠르게 걷는다. 힘이 있을 때 조금이라도 더 걸어야 나중에 도움이 된다. 1시간쯤 걸으면 불평이 대단하다. 그래도 야경이 우리의 걸음을 이끌어준다.

여의도에서 간식을 준비한 선배들이 나타난다. 선배들의 손에는 아이스크림이 들려 있다. 2시간가량을 함께 걷다가 전철역이 가까운 곳에서 여의도에서 합류한 졸업생은 돌려보내기도 한다. 밤 12시 30분을 전후할 때쯤 안양천 합수부에서 피자나 치킨 같은 저녁참을 먹는다.

합수부에서 앞으로 가야 할 길을 계산하면서 간식도 먹고, 사진도 찍고 쉰다. 또 가야 할 길이 남아 있기 때문이다. 어쩌면 이 아이들이 가야 할 인생길도 더 여유 있게 걸으며 준비해야 하는데, 그렇지 못하는 것과도 같다.

시간이 없다. 쉬면 쉴수록 더 힘이 든다. 공동으로 준비한 물과 간식이 떨어질 때다. 이제부터 개인이 준비한 물과 간식을 나누어 먹으며 걸어야 한다. 이미 지쳐가는 몸을 가누지 못하는 아이들도 적지 않다. 그래도 모르는 척한다.

안양천으로 들어서면 어두워진다. 혼자 걷기도 좋고 생각하기 좋은 안양천이다. 저지대를 걸으므로 밖을 잘 볼 수 없다. 여기서 2시간 30분을 쉬지 않고 걸으면 일단 성공이다. 고비인 안양천에서 출발을 함께했던 졸업생들이 힘이 되어 걷는다. 1시간 또 1시간 걸어준다면 얼마나 좋을까?

중간에 낙오하면 어떻게 될지 궁금할 것이다. 낙오 지점도 거의 정해져 있다. 낙오자는 그냥 끝나는 것이 아니다. 일단 졸업생과 함께 택시를 태워 보낸다. 그러나 다음 주에 낙오 지점부터 다시 걸어야 한다. 결국 자신의 두 발로 끝까지 걷게 하는 것이 내 목표다.

중간쯤 다리에 쥐가 오고, 발바닥에 물집이 잡히고, 무릎과 발목이 아파온다. 짐이 무거워지면서 간식의 힘과 물의 힘으로 걷는 것도 한계에 다다른다. 그러면 서로 격려하고, 부축한다.

이들의 동행을 가만히 본다. 처음에 같이 걷던 친구들이 아닌 자신의 걸음과 비슷한 속도의 친구들과 같이 걷고 있다. 자신의 짐을 자신이 지고 가겠다고 했지만 짊어지고 갈 수 없는 친구들도 눈에 띈다. 어느새 자원한 남학생의 어깨에 짐이 얹어져 있다.

이때쯤 날이 밝아온다. 여명이다. 아이들은 아이들이다. 이런 기분을 느낀다는 것이 참 좋다. 언제 이 아이들이 이런 경험을 하게 될까? 석수역 앞에서 부족한 물을 편의점에 들러 보충한다. 기념사진을 찍을 즈음 전철과 버스가 다니기 시작한다. 아이들은 이제 여기까지 하자고 한다.

그러나 만안교까지 3킬로미터 정도 남아 있다고 한다. 마지막 1시간만 더 걸으면 된다고 독려한다. 사실 나도 지쳐 있다. 그만 걷고 싶다. 그러나 세운 목표가 있는데 목표를 코앞에 두고 그만둘 수는 없다. 집으로 갈 사람은 가라고 기회를 주고 먼저 떠난다. 이때 졸업생들의 역할이 크다. 독려하면서 아이들을 걷게 해 앞으로 나아가게 한다.

내 발바닥에도 물집이 잡힌 지 오래다. 나도 걷기 힘들다. 이제 몇 년 남지 않았다. 마지막까지 나에게 주어진 길을 걸어가자. 내일, 모레 그리고 그날까지….

이 여행은 손이 꽤 간다. 사전 답사를 꼼꼼하게 다녀와야 한다. 야간에 걸을 때 달려드는 모기 문제도 해결해야 한다. 장마철이라 안양천이 넘치면 사고로 이어지니 말이다. 실제로 몇 년 전 안양천 자전거 길까지 물이 차올라 남학생들이 물에 빠지기도 했다. 걷고 있는 중간 시간, 새벽 간식도 문제다. 늦은 시각이니 문을 닫지 않은 가게가 없어 간식을 마련하기가 쉽지 않기 때문이다. 몇 년을 진행하다 보니 몇몇 가게도 알게 되고, 이제는 진행이 순조롭다.

무박 도보 여행은 졸업한 아이들이 가장 인상 깊은 추억으로 꼽은 프로그램이다. 그래서 아직도 걷고 있는지 모르겠다.

## 03
# 함께 밥 먹을 때 진심이 전달된다

내 수입의 적지 않은 부분을 아이들과 밥 먹는 데 소비한다. 아니 소비가 아니라 투자다. 아마 아이들과 먹은 밥값만 저축했어도 빚도 없고 돈을 좀 모았을 것이다.

2015년도인가. 복갑수가 1년간 밥값을 계산하기도 했었다. 별 이상한 놈도 다 있다.

1989년, 아내가 포천에 발령을 받았다. 시골 초등학교의 순박한(?) 교사들과 함께 지냈다. 내 동료는 아니지만 당시 학교에서 일을 하고 있는 남자 기능직 공무원이 있었다. 그분이 나와 동갑이었다. 그래서 친구가 되어 지금까지 관계를 이어오고 있다.

남의 이야기를 잘 하지 않는 이 친구는 같은 일을 하는 형님

뻘 되는 분과 지금껏 술자리를 했는데 밥 한 끼를 제대로 대접받지 못했다고 푸념했다. 세상에서 가장 싼 것이 밥값인데 말이다. 그렇다. 아마도 세상에서 가장 싼 것이 밥값이다. 내가 학생들과 같이 밥을 먹고 있는 일이 잘하고 있다는 사실을 깨닫게 되었다. 가장 싼 것이 밥값이지만 가치로 따지면 최고의 가치가 있다.

학교 급식을 생각해보자. 급식을 실시하는 목적은 학생들에게 균형 있는 영양소를 제공하여 심신의 건전한 발달을 도모하고 올바른 식생활 습관을 갖게 함으로써 궁극적으로 국민 식생활에 기여하기 위함이다. 따라서 기본 식단 구성은 물론 음식을 만들어서 제공하는 과정과 모든 운영 전반을 교육의 일환으로 실시해야 한다. 통계로 따르면, 학생들의 입맛이 서구화되어가고 있고 먹거리의 자급률이 점점 낮아져 25%대 이하로 낮아졌다. 이제 교사들이 나서서 아이들의 먹거리를 지키고, 전통적인 입맛을 지키려고 노력해야 한다.

특별한 일이 없으면 점심 급식은 아이들과 교사가 같이 먹어야 한다. 급식실에서든 교실에서든 내가 어떻게 밥을 먹는가 보여준다. 나는 밥 한 톨 남기지 않는다. 밥은 하늘이기 때문이다. 아이들에게 기도하고 밥을 먹으라고 한다. 하늘에 기도하라고 말이다. 밥 한 톨이 여기까지 오는데 다양한 공정을 거치고, 여러 사람의 수고를 거쳐왔기 때문이다. 한 아이가 밥을 남기면 주변의 아이들과 조금씩 나누어 먹기도 한다. 시간이 지나면서 점점 먹고 난 식판이 깨끗해지니 교사로서 뿌듯하다.

밥은 하늘입니다
하늘을 혼자 못 가지듯이
밥은 서로 나눠 먹는 것
밥은 하늘입니다

하늘의 별을 함께 보듯이
밥은 여럿이 같이 먹는 것

밥이 입으로 들어갈 때에
하늘을 몸속에 모시는 것
밥은 하늘입니다
아아 밥은 서로 나눠 먹는 것

— 김지하, 「밥은 하늘입니다」(『밥의 인문학』, 정혜경 저, 따비, 2015)

얼마 전에 부천 지역 교사들이 학생들과 다른 곳에서 점심을 먹게 해달라고 건의했다. 학교 급식을 이해하지 못하는 안타까운 현실이다. 많은 교사가 급식의 의도를 잘 모르고 있다. 그래서 점심 먹는 장소가 학생과 다른 조용한 곳이어야 한다고 생각한다.

급식은 학교 구성원 모두가 같이 노력하고 사수해야 하는 우리 먹거리 교육 장소다. 그래서 급식 시간은 교육의 장으로 교사와 학생이 함께 먹어야 한다.

나는 학급에서 일이 있으면 그 일을 하고 난 다음 항상 밥을 먹인다. 학교 행사 중에 스포츠 클럽 활동이 있다. 아이들과 축구 연습이나 발야구 연습을 하고 나면 함께 밥을 먹는다. 어떤 녀석은 연습도 하지 않고 밥 먹을 때만 나타난다. 그래도 밥을 먹인다.

밥을 먹을 자격은 누구에게나 있다. 아이들 간에 이놈은 먹을 자격이 없다고 소리친다. 하지만 자격이 무엇이랴. 나는 모두 자격이 있다고 즐겁게 먹자고 한다. 즐겁게 먹는 밥은 더 많이 먹는다.

이놈들이 잘 먹고 더 열심히 살아가기를 기도한다. 나는 음식으로 장난치는 녀석에게 야단을 친다. 쌀은 '米미=八팔+八팔'이

합쳐졌다. 쌀은 88번의 공정을 거쳐 우리 입에 들어간다는 뜻만이 아니라 그만큼 많은 과정을 거쳐 우리 입에 들어간다는 이야기가 되기 때문이다. 밥을 먹으며 수고와 노력 앞에 진지할 필요가 있다.

나는 졸업생이든 재학생이든 가리지 않고 시간이 나는 대로 같이 밥을 먹는다. 한 명도 좋고 10명도 좋다. 학교 앞과 안양 1번가에는 단골집이 몇 곳 있다. 어느 단골집에서 내 직업이 무엇인지 궁금하여 아이들에게 슬쩍 물어보더란다. 시도 때도 없이 사람들을 데리고 오는데 대상도 나이를 종잡을 수 없었나 보다.

나는 아이들이 서로 밥을 나누어 먹으면서 살았으면 좋겠다. 음식점에서 한 녀석이 요리를 한다. 다른 녀석들은 고마운 마음으로 먹는다.

그렇다. 이처럼 앞으로 이웃과도 서로 나눠주며 같이 먹고 같이 살기를 바란다. 먹고 있는 아이들이 서로 오래도록 함께 밥(하늘)을 먹으며 살았으면 하는 바람이다. 그리고 함께하고 있다는 소중함과 고마움을 알기 바란다.

## 04
# 메모로
# 마음 전하기

고3 학생들과 이별을 준비하는 시간은 아직도 어렵다.

첫 번째 이별 연습은 수능을 보러 가는 아이들과 이별할 때 한다. 혼자 마라톤 풀코스를 달리면서 말이다. 주로 3월과 10월 마지막 주 토요일에 뛴다. 42.195킬로미터 중 어느 해는 학급 인원이 40명이라서 학생 한 명에 1킬로미터씩 40킬로미터를 40명의 학생을 위해 달린다.

봄에는 만나면서 만남을 준비하고, 가을에는 수능을 준비하는 학생들의 아픔과 희망을 위해 뛰고 나머지 2.195킬로미터는 나의 길을 점검하고 다짐하며 뛴다. 기록은 4~5시간 정도다. 내가 마라톤을 하는 이유는 기록 갱신이 아니라 제자들의 아픔

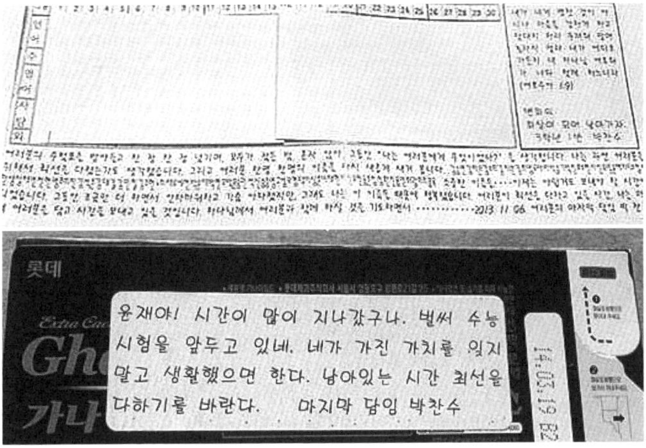


두 번째 이별 연습, 수능일 디데이

을 껴안고 희망으로 가기 위해서다.

두 번째 이별 연습은 수능일 디데이D-day를 챙기는 것이다. 학급 번호가 30번은 D-30일에, 29번은 D-29일 식으로 챙기며 1번은 D-1에 챙긴다. 방법은 초콜릿 뒷면에 간단한 메모를 적는 것이다.

"윤재야! 시간이 많이 지나갔구나. 벌써 수능 시험을 앞두고 있네. 네가 가진 가치를 잊지 말고 생활했으면 한다. 남아 있는 시간 최선을 다하기를 바란다. 마지막 담임 박찬수."

이미 공개된 메모이니 여기에도 다시 공개한다.

윤재를 위한 메모는 아파트 우편함에 넣어두고 왔다. 그 밖에 화단에, 학교 사물함에, 가방 속에, 독서실 의자 등에 메모를 두기도 했다. 이렇게 두고 돌아올 때의 마음이 참 좋았다. 뿌듯함이랄까? 이 아이가 얼마나 좋아할까? 처음에 녀석들은 자기만 받은 줄 안다. 그러나 나중에 모두에게 전달된 것을 알고 놀라워한다.

2012년, KBS에서 수능 관련 프로그램 중 밝은 내용을 담을 목적으로 촬영을 했다. 이렇게 촬영해도 실제로 방송되지 않은 경우가 적지 않다. 이 디데이 행사는 밝은 것만은 아니어서 카메라맨이 며칠간 쫓아다니며 고생했는데, 마지막 편집에서 제외되고 졸업생 선배들이 찾아와 응원하는 내용을 대신했다.

디데이를 챙기는 것은 결코 쉽지 않다. 당시 카메라맨이 아이들과 사전에 합의한 다음 촬영하자고 제안했지만 나는 거절했다. 안양의 지영이는 사명감이 투철한 아파트 경비원의 실수로 촬영을 들키는 바람에, 산본에 사는 정아는 밖에서 카메라를 들고 수상한 사람이 기웃거려 경찰에 신고하는 바람에 촬영하지 못했다. 결국 우여곡절 끝에 사물함에 넣어두는 아이의 경우를 가장해 촬영했다. 이렇게 얻은 결과물은 방송을 타지 못했다.

디데이를 맞게 되는 아이의 그날 동선動線을 알아내고, 메모를 작성하는 일은 결코 녹록하지 않다. 그래도 교사들이 한 번씩 시도해보면 좋겠다. 내가 아이를 가슴에 품는다는 뜻을 이해하는 계기가 될 것이다.

너무도 소중하게 여겨지는 아이들이다. 아이들이 수능을 보기 전에 나는 디데이를 챙기면서 한 달 이상을 이렇게 산다. 어떨 때는 수능이 빨리 끝났으면 하는 바람이다.

세 번째 이별 연습은 수능 전날 수험표 뒷면에 아이들이 답안지를 써서 나올 수 있도록 표를 만들고 간단하게 메모한다.

2013년 11월에 작성한 수험표 뒷면을 공개한다.

"여러분의 수험표를 한 장 한 장 넘기며 '나는 여러분에게 무엇이었나?'를 생각합니다. '나는 과연 여러분을 위해서 최선을 다했는가?'도 생각했습니다. 그리고 여러분 한 명 한 명의 이름을 다시 새롭게 새겨봅니다. … 이제는 아쉽게도 보내야 할 시간이 되었습니다. 그동안 조금만 더 하면서 안타까워하고 가슴 아파했지만 그래도 나는 이 이름들 때문에 행복했습니다. 여러분이 최선을 다하고 있을 시간, 나는 마음에 여러분을 담고 시간을 보내고 있을 것입니다. 하나님께서 여러분과 함께하실 것을 기도하면서. 2013. 11. 06. 여러분의 마지막 담임 박찬수."

수능 당일에 해야 하는 감독관을 가급적 피한다. 나는 아이들이 시험을 보고 있을 시간에 조용한 곳을 찾는다. 그리고 아이들 하나하나를 생각한다.

우리는 혼자 살 수 없다. 옆에서 챙기고 함께하는 사람이 있다는 것을 알게 하고 싶다. 함께한 추억을 가슴에 담고 살아가도록 하고도 싶다. 그래서 우리가 되고 친구가 되고 더불어 살아가리라. 그들을 서로 만나게 하고, 서로 묶어주고, 연결해주는 역할을 해야 할 것이다. 그래서 기념할 날이면 기억으로 남겨주고 싶다.

## 05

# 한복 입고
# 교단에 서는 선생님

졸업한 제자들이 찾아오면 좋다. 겉으로는 바쁜데 왜 왔냐고 핀잔을 주지만 속으로는 참 좋다. 이놈들과 지난 이야기도 하고 밥도 먹고 즐겁게 논다. 그렇게 놀면서 올해 아이들과 비교도 하고, 예전처럼 학급 행사는 하냐고 묻기도 하면서 추억에 젖어든다. 사실 매년 하는 행사라 달라질 것이 없는데, 그네들에게는 자신들과의 추억이 더 좋았다는 이야기를 듣고 싶은가 보다. 이렇게 아이들이 찾아오면 나도 좋다. 그래서 나도 아이들을 찾아간다.

개학 전후나 스승의 날이 가까워오면 하루에 몇 팀을 만나기도 한다. 이를 알고 있는 아이들은 사전에 전화로 예약하고 찾아온다.

직장 생활하면서 긴장하는 일주일, 그리고 한 달, 3개월이 어렵다는 생각이 든다. 나는 주로 중간고사나 기말고사 기간에 아이들을 찾아다닌다. 두 시험 기간에 군에 가 있는 제자들 면회나 직장을 방문하는 경우가 많아 동료 교사들이 회식하자는 말이 달갑지 않다.

고등학교 졸업 후 바로 직장 생활을 하는 아이들도 있고, 대학을 졸업하고 취업하는 아이들도 있다. 졸업과 동시에 창단되는 모 백화점 소속으로 단체 생활을 하는 양궁 선수 출신인 희선(가명)이를 만났다. 고등학교에서 운동선수로 반에서 친구들과 학급 활동을 많이 하지 못했지만, 형편상 바로 취업을 하게 된 아이다. 같은 소속 운동선수 중에 국가 대표 선수도 있고, 나이 차이가 많은 선수도 있어 단체 생활을 하는 것이 많이 부담이 되었나 보다. 그래서 자주 만나고 이야기를 들어주고 격정하고 격려했다.

문득 한나가 생각나 한나 어머니께 먼저 연락하니 반가워한다. 대부분의 부모들은 내가 가정 방문을 한 덕분에 거부감 없이 안부도 묻고 소식도 전한다. 덕분에 웹툰 연재 관리를 한다는 한나의 직장을 찾아갈 수 있었다. 한나가 허름한 복장의 중

년 신사를 맞아 반가워하니 사람들이 놀란다. 한나는 고3 때 담임이라고 소개한다. 저녁을 함께 먹으면서 졸업 후 5년간의 이야기를 들었다. 전문대로 진학하고, 대만에 유학 갔던 이야기, 친구들 이야기로 시간 가는 줄 몰랐다.

취업하고 힘들어하는 혜진이도 찾아가 보았다. 가산디지털단지역에서 내리면 연결되는 출구 근처에서 만났다. 신입 사원이라 긴장한 표시가 역력했다. 가지고 갔던 선물만 주고 돌아오는 발걸음이 조금은 무거운 날이었다.

카카오톡 친구 추가에 혜원이라는 이름이 떴다. 혜원이와 나는 학생부에서 학생 징계를 담당하고 있을 때 징계 대상자로 만났다. 학교가 정해준 징계 덕분에 가까워진 사이다. 분당 모 백화점에서 점원으로 일하는 혜원이를 만나 저녁을 먹으며 8년간의 이야기를 들었다. 여러 가지 일을 하다 여기까지 왔는데 이제는 비교적 일을 할 줄 안다고 한다. 최근에 녀석이 아주 크게 화상을 입었다고 들었다. 가봐야 하는데, 아직 만나지를 못했다.

이렇게 찾아가는 경우도 있지만 우연히 만나는 녀석들도 있다. 한 번은 평촌의 ㅇㅇ안과에 들렀는데 13년 전 반 아이가 간호조무사로 근무하고 있었다. 선영(가명)이는 내가 자기를 기억한다며 눈물을 흘렸다. 진료를 받고 다음에 방문하니 내가 좋아하는 편지와 좋아하는 과자를 내밀었다.

예전 그대로인 나를 기억하고 있는 것이 참 좋다. 가장 듣기 좋은 말이 "선생님, 변함없이 그대로예요"다. 그래서 그런지 졸업한 아이들이 그런 이야기를 자주 입에 올린다. 아이들은 내가 가진 생각, 내가 살아가는 삶의 모습이 옛날 그대로이기를 바라는 것이다.

나는 간편한 생활 한복을 입고 다닌다. 교사가 되면서 아이들의 선생이 되어야겠다고, '가급적 나를 위해 돈을 쓰지 말자'고 생각했다.

교사가 되면서 3가지 다짐을 했는데 그중 하나는 지키기 어렵게 되었다. '10만 원 이상의 옷은 사지 않겠다'는 다짐인데 생활 한복 값이 많이 올랐기 때문이다. 아직까지는 잘 고르면 가능하지만 말이다. 늘 한복을 입고 지내니 어디에서나 아이들은 나를 알아본다. 점심시간에 학생들과 공을 찰 때도 한복을 입고 있다. 이제 한복은 나 자신이 되었다. 그리고 아이들은 길을 가다가 누군가 비슷한 옷을 입고 있으면 내가 생각이 난단다.

친구들이 이제 옷도 좀 가려서 입고, 얼마 남지 않았으니 쉬면서 살란다. 나는 웃고 말지만 교사로 있는 한, 아니 나를 아이들이 선생이라고 부르는 한 이렇게 살아가려고 한다. 아이들과 어울려 변함없이 살아가고 싶다.

나는 어디에서나 교사로 살고 싶다. 버스를 타든, 전철을 타든, 어느 거리를 걷든, 나는 교사다. 어디에서나 교사여야 한다. 아이들이 있는 곳이면 어디에나 달려가는 교사가 되어야 한다. 교사는 학교 안에서만 교사가 아니라, 학교 밖에서도 교사여야 한다. 그래서 그들이 있는 곳에 나는 간다.

# 06
# 군대 간 제자의 면회를 가다

군 훈련병 시절, 면회도 되지 않고 어디에 있는지도 모르는데 친구가 나를 찾아왔다. 대구 근처의 후반기 교육장에서 일과를 끝내려는데 철조망 쪽에서 누가 나를 기다린다고 했다. 의아해하면서 철조망 근처로 가니 친구가 와 있었다. 친구는 대뜸 "무엇이 먹고 싶냐?"고 물었다. 망설임 없이 빵이 먹고 싶다고 했다. 친구는 근처의 가게에서 빵을 사가지고 왔다. 눈물의 빵을 먹은 일은 아주 오래된 이야기다.

학원 강사로 담임을 하면서 만났던 아이들 면회를 다녔다. 1998년, 재경이는 학원의 제자 중 한 명이었다. 전방 부대에 배속되었다는 소식을 듣고 무작정 가기로 했다. 철원의 부대 위병소에 도착해 면회를 신청하니, 평일은 면회가 되지 않고 지금은 작전 중이라 주말에 부모님이 오셔도 면회가 되지 않는단다. 그래서 부대의 중대장과 통화하면서 내가 이 녀석의 선생인데 궁금해서 왔다고 했다. 그랬더니 잠시 위병소 옆 사무실에서 녀석을 만나고 가란다. 덕분에 농구하다가 다쳐서 손가락과 손에 붕대를 감고 나타난 재경이를 만났다. '부모가 아니라 선생이기 때문에 비공식적으로 면회가 가능'했다. 지금 재경이는 인천 쪽에서 차량 액세서리를 취급하는 곳에서 일하고 있다.

2004년도 졸업생 중에 내가 찾아가야 할 아이가 있었다. 철원 동송 지역에서 근무하고 있었다. 쉬는 토요일에 점심을 먹을 겸 부대 점심시간에 맞춰 김밥을 준비해서 출발했다.

정문에서 면회가 되지 않는다고 했다. 중대장과 통화로 녀석의 고3 담임이라고 하니 잠시 중대장실로 들어오란다. 중대장을 통해 부대 상황과 현재 사격 중임을 듣고 내가 온 이유를 설명했다. 운규는 잘 근무하고 있다면서 어디론가 전화를 한다. 통화 내용을 들으니 사격 중이지만 우리를 만나게 지시하고 있었다.

그러고 보니 선생이기 때문에 이 사회로부터 받는 특혜가 많다. 이 사회가 교사들에게 사회적 지위를 인정해준다. 불가능을 가능하게도 한다. 아마도 교사로서 이 사회에 기여하는 바가 커서일까?

운규는 아직도 그 김밥의 정체를 모르고 있다. 덕분에 나는 점심을 굶었다. 운규는 지금 강남 어느 병원에서 과장으로 근무하고 있다.

내가 면회를 꼭 가봐야 하는 아이들이 있다. 방학을 하면 농산물 시장에서 귤을 몇 상자 싣고 아침에 출발한다. 오전에 한 곳, 오후에 두 곳 정도를 들르면 하루 일정이 맞다. 용인에 있는 현성이는 수도통합병원에 치료를 가서 없었다. 양평에 있는 시철이는 얼굴만 잠깐 보았고, 홍천에 있는 우진이는 휴가 중이라서 볼 수 없었다.

이렇게 하루를 보내고 다음 날은 또 다른 코스를 돈다. 강화 해병대의 호준이는 초병으로 근무하고 있었다. 성환이는 연천에서 작전 중 점심시간에 복귀했을 때 1시간 정도 만났다. 대근이는 이등병으로 있을 때 부소대장과 함께 나왔다. 부소대장은 면회 목적이 뭐냐고 대대장에게 보고해야 한단다. 나는 전투력 증강, 사기 진작이라고 했다.

그 밖에 전차병 현석이는 평일에 면회하니 휴식 시간이 좋다고 했다. 송추의 현구는 운전병으로 근무하고 있었다. 모두 건강하게 복무를 잘 마무리하고 지금은 각자의 생활로 복귀해서 주어진 생활을 하고 있다.

교사란 직업 덕분에 다양한 혜택을 받고 있다. 전방 부대의 부대장들은 교사라는 이유만으로 비공식적인 면회의 기회를 주었다. 단 한 번도 면회를 못하고 돌아온 적이 없었다.

교사로 살아가면서 학부모들로부터 듣는 이야기 중에 가장 부담스러운 말은 이것이다. 주변 교사들을 언급하면서 생활이 이중적이라는 말을 많이 듣는다.

어느 학부모는 명문 대학에서 교직을 이수하고 교생 실습을 한 달간 나갔다가 교사들에게 실망해서 교사의 꿈을 접었다고 했다. 학교에서 일과 중에는 '교사'이고, 일과가 끝나면 '일반인'으로 돌아가는 것을 보았다고 한다. 아쉽고 부끄럽다.

교사는 스스로 인정하든 인정하지 않든 사회의 지도층인데 나도 그러지 못해서 미안했다. 이 사회가 교사에게 지도층이 되기를 바라는 마음에서 기대 수준이 높다. 그렇다고 신선처럼 살아야 하는 것은 아니지만 이 시대에 아린 마음의 아이들과 함께 살아갔으면 좋겠다.

【 5장 】

# 함께 공감하고 경험하며 사람됨을 배우는 교실

## 01
# 정치 현장에서 역사를 배우다

겨울 방학이 되면 할 일이 많다. 우리 이웃이 살아가는 치열한 삶의 현장을 찾아간다. 쉼 없이 외로운 사람들의 외침들이 있다. 아무리 외쳐도 듣는 사람은 별로 없다. 사람들이 관심을 가져야 하는 곳이 많은데, 왜곡되어 관심을 가져야 할 곳을 외면하고 살아가게 하고 있다.

나는 외롭게 외치는 소외된 곳을 찾아가야 한다고 생각한다. 그것이 내가 양심을 지키는 한 방법이며 나 자신을 점검하는 시간이 된다. 그리고 교사의 길이라 여겨지기도 한다. 그래야지 아이들에게 떳떳하지 않겠나. 그래서 아픈 곳, 어두운 곳, 낮은 곳을 많이 찾아간다. 그리고 가급적 아이들을 불러 함께 가려고 한다.

2016년 1월 19일, 추워도 너무 추웠다. 일본대사관 앞에서 젊은이들이 소녀상을 지키고 있다는 소식을 들었는데 매섭게 추운 날이었다. 그래서 제자 같은 젊은이들이 이 추위에 떨고 있다기에 집에 있을 수 없어 집을 나섰다. 일본대사관 앞 소녀상 옆에는 텐트는 불법이라 치지 못하고 비닐을 뒤집어쓴 젊은이들이 있었다.

2015년 12월 28일, 박근혜 정부와 아베 신조安倍晋三 일본 정부는 한일 외교 장관 회담을 열고, 일본군 위안부 피해자 문제의 해결 방안에 합의했다. 윤병세 외교부 장관과 기시다 후미오岸田文雄 일본 외무상은 그날 오후 서울 세종로 정부서울청사 별관(외교부 청사)에서 외교 장관 회담을 연 뒤 공동 기자 회견을 통해 합의 사항을 발표했다.

몇 가지 문제점이 있었다. 특히 아베 정부는 위안부 문제에 대해 '일본 정부의 책임을 통감한다'는 입장을 밝혔으나, 일본 정부의 '법적 책임'은 명시하지 않았다. 한국 정부가 '소녀상'으로 불리는 주한일본대사관 앞 '평화의 소녀상(평화비)'을 관련 단체와 협의해 적절히 해결하기로 합의했다. 이 대목에서 피해 할머니나 시민 사회단체의 반발을 불러왔다.

이 젊은이들에게 어떻게 도와주면 좋겠냐고 물었더니 수면 양말과 손난로가 필요하단다. 그래서 저녁을 든든하게 먹고 필요한 것을 사라며 금일봉을 손에 쥐어주었다. 녀석들은 고맙다고 인사한다. 이들을 뒤로하고 또 다른 장소로 이동했다.

2016년 1월 말경, 아내와 함께 백남기 농민이 걱정되어 서울대병원에 들렀다. 가톨릭농민회를 통해 경과와 도보 순례 일정을 들었다. 그리고 2016년 2월 11일, 보성을 출발하여 2월 27일 서울에 도착하는 백남기 농민을 위한 보도 순례를 떠났다. 처음부터 끝까지 모든 구간에 참여하지 못하고 개인 일정이 있으면 올라오고 다시 내려가서 순례단에 참여했다.

그때 페이스북에 이렇게 글을 올렸다. "몇 주 전 백남기 농민이 누워 계신 병원을 찾았다. 희망을 가져보려 했지만 희망이 없어 보였다. 그래도 오늘은 희망의 도보 여행을 시작해야겠다."

나는 백남기 농민을 이렇게 만났다. 백남기 농민은 1947년 8월 전라남도 보성군 웅치면에서 태어났다. 아버지는 경찰이었다. 아버지의 인사이동에 따라 네댓 군데 초등학교를 옮겨 다녔고, 중고등학교는 광주에서 나왔다. 대학생이 되어 사회에 눈을 뜨고, 역사의 순간을 외면하지 않고 맞서 싸우며 살았다.

그러던 2015년 11월 14일 오후 6시 56분, 보성의 백남기(68) 농민이 서울 종로구청 앞 사거리에서 경찰이 쏜 살수차의 직사 물대포를 맞고 쓰러졌다. 백 씨는 서울대병원 응급실로 실려 갔고, 그날 밤 11시께 시작한 수술은 새벽 4시께 끝났지만 의식 불명 상태다.

이제는 그가 털고 일어나 다시 밀밭으로 돌아가 살게 하고 싶었다. 그래서 나와 아들(당시 만 15살)은 이 행렬에 참여했다.

2월 12일, 아침부터 비가 내린다. 보성에서 출발해 화순을 거쳐 가는 길에 비가 내리다니, 참여자가 줄어들면 어쩌나 걱정이 앞섰는데 행렬은 크게 줄어들지 않았다.

2월 18일, 전주에서 익산까지 졸업생이 이 행렬에 참여해 함께 걸었다. 대학생이라 바쁠 터인데 짬을 내어 선생이 순례단에 참여한다고 좇아와 걸어주었다.

2월 26일, 안산에서 안양으로 걸을 때 갓 졸업한 단원고 아이들과 동갑내기 제자들이 함께 걸었다.

4월이면 학생들과 함께 세월호 분향소와 기억의 교실을 찾고 있다. 2016년 2학년 담임을 하면서 학생들을 데리고 이곳에 갔다. 내 생각에 형식적인 분향을 하고 금방 밖으로 나올 것 같았는데, 한참을 기다려도 아이들은 자리에 멈춰 있었다. 생명의 소중함을 아는 듯 울고 있었던 것이다. 그리고 진지했다.

이 현장을 찾아가는 것은 우리가 살아가면서 꼭 관심을 가져야 하는 곳이며 잊지 말아야 하는 곳이기 때문이다. 다시 말하면 억울한 현장이라는 것이다. 그래서 학생들과 함께 찾는다. 이곳에서 내가 할 일은 없다. 단지 이런 곳이 있다고 소개한다. 그러면 아이들은 저마다 배우고 느낀다. 교육은 이런 것이다.

몇 년 전 학생들과 함께 한강 운하를 건설한다며 이포보에서 공사하는 대림산업 측을 방문해보고, 반대 집회를 하는 곳에서 설명을 들어본 적도 있다.

현장에서 어느 것이 더 설득력이 있는지 스스로 판단하고 살펴보게 하는 것, 그것이 바로 교육이다. 현장에 서보면 아이들은 어떤 가치를 가지고 살아가야 하는가에 대한 고민도 깊어진다.

## 02
# 어려움을 이기는 법을 익히는 지리산 여행

산은 사람을 만나게 한다.

혼자서 지리산에 오를 때의 일이다. 천왕봉에 오른 다음 하산하면서 버스 시간을 맞춰 빠르게 걷는데, 친구 사이인 것처럼 보이는 일행 2명이 간편한 복장으로 내려가고 있었다. 한 사람은 무릎이 아픈지 쉬기를 거듭하면서 겨우 걷고 있었다. 시간을 보니, 오후 4시가 지나고 있었다. 이 속도로 내려가면 금세 어두워져 하산하기 힘들다. 두 사람은 아침에 천왕봉을 올랐다가 내려가고 있단다. 랜턴도 없이 하산이라니. 그래서 나는 이들과 일행이 되었다.

예상했던 대로 곧 해가 졌다. 헤드라이트를 의지해 부지런히 우리 세 사람은 하산했다. 내려오면서 알게 된 사실이다. 한 사람은 서울에서 대학교를 졸업하고 직장 생활을 하다가 귀향해 주유소를 경영하고 있었다. 또 한 사람은 아이들을 서울로 보내 국악을 공부시키고 있었다. 지금쯤이면 이들의 자녀 이름이 매스컴에 오르내리고 있을 것이다. 귀한 인연으로 학생들과 지리산 여행을 갈 때 이곳에서 간식 대접을 받곤 한다.

1월이나 2월 즈음 아이들과 지리산으로 여행을 간다. 눈으로 덮여 있는 지리산 종주에 나서면 왠지 가슴부터 설렌다. 종주할 수 있는 코스는 다양하지만 나는 성삼재 주차장에서 천왕봉을 오르는 1박 2일 또는 2박 3일 코스를 애용한다. 기차로 이동하고 버스로 돌아오기에 아주 편한 코스인 덕분이다.

밤 열차를 타고 새벽 무렵 구례구역에 내리면 대기하고 있는 택시에 몸을 싣고 성삼재 주차장으로 이동한다. 등산할 때는 4명이 한 팀을 이루는 것이 좋다. 그래서 지리산을 갈 때 가급적 4명, 아니면 8명과 동행한다. 택시 타기도 좋다.

시간이 되면 성삼재에서 노고단으로 출발한다. 새벽이라 아직 앞을 볼 수 없을 만큼 어둡다.

발에는 아이젠을, 모자에는 헤드라이트를 올리고 새벽을 열며 발을 내디딘다. 새벽잠이 채 가시지 않았지만 부지런히 노고단에 오른다.

사실 산을 별로 좋아하지 않는다. 다만 지리산을 이해하지 못하면 우리 역사를 이해하지 못하는 것 같아 매년 이곳을 찾을 뿐이다. 언제까지 이 산에 오를지 모르지만, 수많은 사람이 이 산에서 죽어갔던 게 떠올랐다. 소위 말하는 빨치산, 그들은 왜 이 산에서 죽어가야 했을까? 역사의 현장, 지리산은 나의 가슴을 또다시 뛰게 한다.

이른 새벽의 노고단은 별로 춥지 않다. 노고단에서는 시간 통제가 있으므로 이곳에서 대개 아침을 먹는다. 간식을 챙겨오지만 아침은 든든하게 먹어두는 것이 좋다. 항상 1박 2일 일정이라 점심에 시간을 많이 허비하면 어두워져서 다음 장소에 도착하기 버겁다.

좀 더 깊이 산으로 접어들면 추워지기 시작한다. 노고단을 출발하면서부터 추위와 싸워야 한다. 장갑과 아이젠, 스틱은 필수다. 장갑이 얇으면 종주하는 내내 어려움을 겪을 수 있다. 눈 덮인 산에 아이젠을 내디딜 때마다 들리는 소리는 참 좋다. 밤에 눈이라도 내렸다면 밟고 지나가는 곳이 길이 되어 뒤에 남는다.

언젠가 산에서 만난 일행들이 길을 잘못 들어 몇 킬로미터를 돌아왔던 적도 있다. 산에 익숙하지만 눈이 내리면 길을 잃기 십상이다. 지금은 산속을 안내하는 내비게이션이 있어 그나마 다행이다. 저 멀리 마을에서 아침을 짓는지 연기가 피어오른다. 아침 해가 떠오를 때 회오리바람이 이는 것처럼 구름 기둥이 만들어지는 것도 신기하다.

걷고 걸어도 눈 덮인 산이다. 오름과 내림이 끊임없이 반복된다. 사진에조차 담기 어려운 아름다운 광경이 끝없이 펼쳐진다.

점심이 문제다. 추워서 물이 없으니 길어 와야 한다. 평지에서야 100미터는 가까운 거리지만 추운 산에서 50미터는 아주 먼 거리다. 더군다나 물 공수 작업은 한 번으로 끝나지 않고 여러 번 해야 하기도 한다. 그래서 가급적 간편식으로 점심을 해결한다.

지리산에 가면 산장에서 하루 이상을 묵는다. 준비해온 침낭에 몸을 뉘이면 더없이 행복하다. 침낭이 없는 경우 산장에서 제공하는 모포에 의지해 하룻밤을 보내면 된다. 겨울에 들른 지리산 산장은 찾는 사람이 거의 없어 학생들과 독차지할 수 있다. 씻기는 불편하지만 조용한 분위기도 좋고 밥 해먹기도 편하다.

저녁을 먹자마자 아이들은 피곤했는지 바로 잠에 빠져든다.

"나는 아이들이 높은 산에서 멀리 보이는 세상을 바라보게 하고 싶었다."

밤차로 새벽에 도착하여 잠을 설쳤고, 하루 종일 걸었으니 고될 만하다. 아침은 내가 먼저 일어나 식사를 준비한다. 물이 가까운 곳에 있으면 좋으련만 조금 귀찮고 힘들다.

아이들이 높은 산에서 멀리 보이는 세상을 바라보게 하고 싶었다. 지나다 멀리 보이는 마을과 도시가 눈에 들어오면 자신이 살고 있는 세상을 생각하겠지? 그리고 좀 더 여유 있게 세상을 살아갔으면 좋겠다. 변하지 않는 산처럼 학창 시절의 깨끗한 마음으로 평생을 살아가기를 바란다.

나는 눈이 없는 지리산에 오른 적이 없다. 산에 오르는 것을 별로 좋아하지 않은 데다가 여름 산에 오르는 것은 더욱 싫다. 그래도 여름이나 봄가을에 지리산에 가봐야겠다고 다짐하지만 실천에 옮기지 못했다.

천왕봉으로 가는 봉우리와 골짜기를 오르고 내리는 길은 눈에 익을 법도 한데 여전히 새롭다.

가끔 아이들이 왜 산에 오르냐고 묻는다. 나는 왜 겨울에 산에 갈까? 그것도 왜 지리산이어야 하는가. 여느 산들도 그렇겠지만 지리산은 우리 민족의 역사와 인연이 깊다. 그렇기에 지리산에 가는 것이다.

겨울 산은 그런 역사를 말하기에 아주 좋다. 좌우로 펼쳐진

"걷고 걸어도 산이다. 오름과 내림이 끊임없이 반복된다. 사진에조차 담기 어려운 광경이 끝없이 펼쳐진다."

능선과 능선을 넘나들었던 사람들의 삶의 여정과 남의 눈을 피해 몸을 숨겨야 했던 민초들의 아픈 사연들을 많이 가지고 있다. 지리산을 오르며 가지게 되는 경외감과 성취감뿐 아니라 나와 함께 오르는 너희들은 세월이 지나면 타인의 삶을 누구보다 깊이 이해하기를 바란다.

겨울 산에 갈 때는 다른 계절과 달리 개인이 준비를 철저히 해야 한다. 아이젠, 스틱, 장갑, 먹을 것 등 어느 것 하나 없으면 산에 오를 수 없다. 장시간 산에 머물 수 없는 것은 당연하다.

겨울에 산에서 며칠을 먹고 산다는 것은 스스로 독립적인

인간이 되는 과정이라고 생각한다. 아이들은 저 멀리 능선을 따라 올라가는 사람을 보면서, 곧 저 길로 걸어가게 될 자신의 모습을 바라보는 것 같다는 이야기를 한다.

## 03
# 서로의 소중함을 느끼는 졸업 여행

학생들과 여행하려면 적지 않은 제약이 뒤따른다. 예전에는 고등학교 3학년 학생들의 소풍도 못 가게 했다. 사고 위험이 있을 수 있고 수험 준비에 시간이 없기 때문이다. 요사이 세월호 사고 이후에는 더욱 안전에 신경 써야 하므로 갖춰야 할 조건이 많다.

2004년, 우리 반 고3 소풍은 안면도로 정해놓았다. 학기 초에 소풍을 안면도로 간다고 하니 어떤 녀석들은 가봤다며 가지 말자고 한다. 그래서 무엇을 보고 왔느냐 했더니 바다만 실컷 보고 왔다고 한다.

나는 바다와 숲, 꽃이라는 3가지 테마를 정해놓았으니 함께 가자고 설득했다. 결국 떠난 안면도 해변에서 모두 엄정화의 〈페스티벌〉에 맞춰 흥겹게 춤을 춘다. 안면도수목원에서 갖가지 꽃들을 바라보며 미소 지었고, 부모님들이 준비해준 점심으로 허기를 채울 수 있었다.

내가 준비한 비장의 무기는 숲이다. 2003년 숲연구소 숲생태 교육 지도자 양성 과정에서 배운 것을 활용한다. 자연은 협동과 조화의 메커니즘에 의해 움직이는 것이다. 우리가 자연으로부터 얻을 수 있는 교훈은 적자생존과 약육강식의 경쟁의 논리가 아니라 협동의 패러다임으로 세상을 바라보는 것이다. 그럴 때만이 인간 세상에서 살아갈 수 있는 방법을 깨우칠 수 있다. 또 자연에는 이름 모를 많은 생물이 있다. 이들이 왜 그곳에 있는지, 생태계에서 이들의 역할을 이해하는 것은 자연을 이해하는 첫걸음이다.

그리고 숲에서 다양한 프로그램을 진행했다. 그루터기가 보이면 그 위에 3명이 올라가라고 주문을 넣는다. 가볍게 올라가면 5명까지 올라선다. 점점 숫자를 늘려간다. 다 알고 있겠지만 최대한으로 올라가면 '협동'을 강조하고, '함께'를 강조한다.

안면도에는 수령 100년 내외의 국내 최고의 소나무 천연림이 울창하게 자라고 있다. 고려 때부터 궁궐의 나무와 배를 건조하는 데 주로 쓰여왔다고 한다. 소나무의 도벌과 남벌이 심해지자 고려 때부터 왕실에서 특별 관리하였으며, 1965년도부터 충청남도에서 관리하고 있다.

오가는 길에 간월도도 빼놓지 않고 들른다. 썰물 때 물이 빠져 작은 자갈길이 육지와 연결되는 이 섬은 아름답다. 전해지는 말에 의하면, 무학대사가 이곳에서 달을 보고 홀연히 깨쳤다고 암자 이름을 '간월암看月庵', 섬 이름을 '간월도看月島'라고 한다. 이곳에서 수행하던 무학대사가 태조 이성계에게 보낸 간월도 어리굴젓이 궁중의 진상품이 되었다고도 한다.

1530년(중종 25) 찬술한 『신증동국여지승람新增東國輿地勝覽』에는 간월도만 언급되어 있고, 간월암은 언급되어 있지 않아 조선 후기에 창건된 것으로 보인다. 조선 말쯤에 폐사되었는데 1914년 승려 만공滿空이 다시 창건하였다. 간월암 북동쪽에는 간월호가 있고 남쪽은 천수만과 연결된다. 밀물과 썰물에 따라 육지도 되고 섬도 되는 주변 경관과 어울려 장관을 이룬다.

소풍은 가급적 이렇게 아이들과 자연과 바다를 중심으로 여행한다. 그냥 밥만 먹고 오는 곳이 아니라 무엇인가 생각을 가지고 돌아오는 것이 좋다.

졸업 여행은 2004년부터 수능이 끝난 다음 학생들이 여유가 있을 때 당일, 1박 2일, 무박 2일로 다녀왔다. 물론 학교에서 승인해주지 않아 처음에는 몰래 다녀왔다. 이 일은 나중에 학교 측에서 알게 되어 문제가 되기도 하고, 말들이 많았다.

그래서 졸업식을 한 후에 여행을 가기로 했다. 그러니 마음도 편하고 누가 뭐랄 것도 없었다. 졸업 여행을 반대하는 이유는 다 큰 남녀 학생들을 긴장이 풀렸을 때 데리고 갔다가 무슨 일이라도 생기면 어쩌느냐는 것이다. 그러나 이것은 어른들의 선입관이며 기우다. 졸업 여행을 몇 년씩 다녀보지만 불미스러운 일은 발생하지 않았다. 오히려 내가 너희들 술은 안 먹느냐고 해도 욕심들이 없나 보다. 아이들이 먼저 교사가 걱정하는 것이 무엇인지 잘 알고 있다. 학생들을 믿는 만큼, 아니 그 이상 더 배려하고 있음을 늘 확인하게 된다.

졸업 여행을 가는 이유는 12년의 학창 시절을 정리시키고 싶어서다. 내가 아이들을 떠나보내며 정리하고 싶은지도 모르겠다.

방학 중에 혼자 가방을 메고 국내 이곳저곳을 두루 다닌다. 그러다 아주 좋은 곳을 알게 되면 졸업 여행지로 선정한다. 몇 년 전 경상북도 봉화의 어느 지역을 여행하다가 한 어른으로부터 분천과 승부 지역을 추천 받았다. 나는 바로 발걸음을 승부 지역으로 돌렸다. 내친김에 분천 지역까지 걸어보았다. 다음 해

선물 같은 함박눈이 내리는 길을 따라 걷는 아이들

에 승부 지역을 졸업 여행지로 정한 다음 답사를 다시 하고 아이들과 걸을 곳도 정했다.

졸업 여행은 쉽게 가는 것을 피한다. 차량 대절도 가급적 하지 않고, 비용이 좀 더 들더라도 기차나 대중교통을 이용한다. 오가는 기차에서 많은 것을 얻기도 하고, 많은 것이 남는다는 것을 안다. 그리고 기차는 가급적 완행을 타고 이동한다. 몇 시간을 기차에서 오가다 보면 이야기가 만들어진다. 물론 여행의 즐거움도 함께 나누기를 바란다.

2016년 2월, 졸업 여행은 간이역인 현동역에 내리면서 시작되었다. 아이들은 승무원도 없는 간이역은 처음이다. 소천로를 따라 봉화발전소 민박까지 걸어서 갔다. 들떠 있는 아이들의 목소리는 언제 들어도 질리지 않는다. 이렇게 마음껏 떠들면서 하루를 보낼 기회가 12년간 단 하루도 없었다니 참 안타깝고 아쉽다.

저녁은 아이들이 가장 좋아하는 고기를 넉넉하게 준비해서 양껏 먹게 한다. 저녁을 먹고 나면 자연스럽게 자기네들이 준비한 게임도 하면서 즐거운 시간을 보낸다.

밤 10시. 서서히 내가 준비한 일을 시작한다. 함께 둘러 모여 앉아서 분위기를 잡는다. 1년간 함께해서 고맙다고 운을 떼면

서로의 손을 잡지 않고서는 넘을 수 없는 보부상길

서 "여러분은 장점이 많은데 자신도 잘 모르고 있는 것 같으니 이 자리에서 친구들의 장점을 찾아주자"고 넌지시 제안한다. 그리고 한 사람씩 돌아가며 이야기를 시작한다. A라는 한 학생에 대해 29명이 돌아가며 장점을 이야기한다. 이렇게 한마디씩 하다 보면 몇 시간이 금방 간다. 친구의 장점을 찾아주는 것만으로도 하룻밤이 모자랄 지경이다.

참 묘한 일이 벌어지기도 한다. 그동안 칭찬에 인색하여 자신의 장점이 무엇인지 모르고 살다가 이런 기회에 처음 장점을 듣는 아이들도 있다. 의도하지 않았지만 실제로 많은 아이가 자신을 바라보며 운다. 이렇게 모든 순번이 지나고 나면 서로가 다른 사람을 만난 듯이 더 가까워진다. 그리고 여기저기 누워서 잠을 잔다.

어제 먹다 남은 밥과 라면으로 아점을 먹고 간식용 주먹밥을 대강 만들어 보부상길을 3킬로미터 걸어서 분천으로 간다. 분천으로 가는 보부상길은 산을 넘어야 하는데 서로 손을 잡고 넘는다. 좁고 가파른 탓에 한 줄로 서서 서로의 손을 잡지 않고는 넘을 수 없다. 분천에 도착하면 끝이 아니다. 분천에서 기차를 탈 수 있으나 승부역까지 11~12킬로미터를 걷는 계획을 세운다.

이곳은 우리나라에서 기차가 아니면 닿을 수 없는 오지다.

마을과 마을을 잇는 길조차 험준한 산세로 가로막혀 오가기 힘든 곳, 경상북도 봉화군에 위치한 소천면이다. 사람의 발길이 잘 닿지 않던 분천역에서 양원역을 잇는 '체르마트길'을 아이들과 꼭 같이 걷고 싶었다. 체트마트길은 산골 마을과 작은 고개를 넘어 아름다운 호수를 만나는 스위스의 알프스 같다고 해서 붙여진 이름이다.

너무 멀까 염려되어 마을의 트럭을 대기했다가 차가 갈 수 있는 곳까지 이동하고, 나머지는 걷는다. 아름답고 좋은 길이니 아이들과 꼭 함께하고 싶은 것이다.

2016년 2월, 우리들이 걷고 있는 그날은 눈이 내렸다. 덤으로 우리에게 주어진 선물이다. 길은 때로 혼자 가야 하는 길이 있다. 그럴 때 앞서 가는 친구의 등을 바라보고 걷는다. 뒤에 오는 친구의 모습도 보게 된다. 그러면서 학생들은 자신의 위치를 생각하고 걷게 된다. 서로 손을 잡고 바라보며 걷는 길에서 같이 서로 마주 잡은 손의 온기를 느낀다.

이렇게 졸업 여행은 서로가 서로를 배려하게 되고 더 가깝게 사귀는 시간이며 이별을 준비하는 시간이다. 헤어질 때가 다가올수록 아이들은 집으로 돌아가고 싶지 않다고 아우성이다. 그러면서 내년에 다시 오자고 한다. 나도 그랬으면 참 좋겠다.

## 04
# 세상을 보는 눈을 키우는 영화 감상

아이들과 영화를 보기 시작한 계기는 우리 반에 키 180센티미터에 몸무게가 150킬로그램 정도 나가는 한 친구에서 비롯되었다. 가끔씩 이런 거구들을 만난다. 고깃집에 친구와 둘이 가면 27인분을 먹어치우는 대식가인 데다가, 주먹밥 가게에서 열린 먹기 대회에서 대학생들을 제치고 1등을 한 태욱이다.

나와 같이 걸어가면 내가 고목의 매미가 된다. 스쿠터를 타고 가면 뒤에 탄 나는 아예 보이지를 않는다. 반 활동에 소극적이던 이 친구가 영화 감상을 좋아했다. 그래서 함께 영화를 많이 보러 다녔다.

영화 효과도 아주 좋았다. 영화를 보면서 비슷한 생각을 하고 있다는 것을 알게 되었고, 태욱이의 장점도 보였다. 영화는 태욱이에게 내 대신 이야기를 들려주는 경우도 적지 않았다. 덩치와 다르게 감수성이 예민하고, 정도 많아 자주 같이 다녔다. 내 스쿠터의 스프링이 많이 내려앉은 것이 아마 이 녀석 때문이리라.

반 친구들과도 영화를 보러 다녔다. 주로 금요일 심야와 토요일 조조를 이용한다. 아이들이 학원과 시간이 맞지 않아 같이 못 봐서 아쉬웠다. 비용이 적게 들어 다행인가. 아니다. 아쉽다. 더 많은 아이와 함께 영화를 보고 싶다. 그런 환경이 빨리 왔으면 좋겠다.

영화 〈플립Flipped〉(2010)을 구해서 태욱이에게 전해주었다. 쉽게 구할 수 있는 영화이니 여러분도 보기 바란다.

이 영화는 줄리와 이웃집으로 이사를 오는 브라이스의 이야기를 다루었다. 처음에는 남자아이 시각에서 여자아이를 바라본다. 참 이상한 여자아이이다. 당돌하게 자기 마음대로 이삿짐을 날라주려고 한다. 이를 거절하고, 집으로 가려는데 줄리가 따라온다. 줄리를 뿌리치려다 그만 손을 잡게 되고 이 장면을 어머니가 보게 되어 브라이스는 당돌한 줄리를 부담스러워하며 엄마 뒤로 숨는다. 학교에서는 줄리가 브라이스를 보자마자 큰 소리로 부르며 달려가 껴안으려 한다. 이 일로 인해 학교 친구들의 놀림까지 받게 된다. 여기까지는 남자아이의 시각이다.

영화는 줄리 입장에서 다시 시작한다. 줄리는 브라이스의 눈을 보고 첫눈에 반한다. 그래서 무엇인가 도우려고 한다. 브라이스는 아버지가 어머니를 도우라고 하는 것이 싫지만 어쩔 수 없이 이삿짐을 정리하려고 들어간다. 때마침 줄리는 브라이스가 집에 들어가지 못하게 따라가 밖에서 놀자며 손을 잡았다. 순간 브라이스가 그녀의 눈을 쳐다보고 있는 것이 아닌가. 줄리는 심장이 멈추는 것 같았다. 그때 브라이스의 어머니가 집에서 나왔다. 브라이스는 쑥스러운 나머지 얼굴이 빨개졌다. 줄리가 보기에 브라이스는 줄리에게 감정이 있는 것이 분명했다. 하지만 수줍음을 많이 타는 성격인 것 같아 돕기로 했다. 부끄러움을 없애주기 위해 학교에서 기회를 만든 것이 브라이스에게 달려가 껴안는 것이다.

이 영화는 단순히 아이들의 첫사랑 이야기가 아니라 훌륭한 교육 영화다. 서로 다른 시선으로 바라보면 서로 다르게 생각하고 행동도 달라진다. 아이들이 세상을 바라보는 것은 한 가지가 아니다. 아이들이 바라보는 시선은 다양해야 한다. 교육자들은 자꾸 아이들을 단순화 또는 획일화시키려고 하고 그렇게 되어가기를 바란다. 사실 그것이 편하기 때문이기도 하다.

영화관에서는 다양하고 좋은 영화들을 상영하고 있다. 특히 역사를 다룬 영화가 내 관심을 끈다.

그래서 아이들을 데리고 '선감도'를 찾아간다. 안산시 단원구 선감도는 일제에 이어 5·16 군사 정권이 만행을 저질렀던 장소다.

1941년 10월, 일제는 전국에서 부랑아란 이름으로 10세에서 15세가량의 청소년들을 잡아다가 강제 노역이나 군사 훈련을 시켜 전쟁터의 총알받이로 보내기도 했다. 일제 때 만들어진 '어린이강제노동수용소'는 해방과 6·25 전쟁을 치른 후 이승만 시대와 유신 시대를 지나 1980년대까지 남아 있었다. 조선독립군의 자녀들과 가난한 어린이들이 부랑아란 이름으로 잡혀와 무자비한 학대와 살육을 당했던 참혹한 현장을 본다. 만행은 아주 가까운 시기까지 이어졌다.

〈군함도〉를 보고 선감도를 찾아가니 교육 효과는 몇 배 더 늘어난다. 아이들은 무엇을 느낄까? 내가 생각하는 것보다 아이들은 훨씬 더 많은 것을 느낀다고 생각한다. 한 편의 영화가 역사로 그리고 의식으로 이어지고 있다.

공부는 죽음을 맞이할 때까지 계속되어야 한다. 나는 졸업식에서 '수불석권手不釋卷'을 이야기한다. 『삼국지』의 '여몽전呂蒙傳'에 실려 널리 알려지게 된 고사 성어다. 손에서 책을 놓지 않고 열심히 공부한다는 뜻으로, 어려운 환경에서도 배우기를 좋아하는 사람이 항상 책을 가까이 두고 독서하는 것을 가리킨다.

우리나라는 한 번 S, K, Y대는 영원한 S, K, Y대다. 아마도 대학을 졸업한 후에 취업이 되면 공부를 하지 않아서 그렇다는 생각이 든다. 공부를 하지 않게 되니 대학 졸업할 때 그대로 S, K, Y대 수준에 머물러 있어서 그럴 것이다. 그러나 소위 말하는 '지방 대학교' 출신이라도 공부를 꾸준히 한다면 오히려 S, K, Y대 출신보다 학문적인 깊이나 공부의 깊이가 더 깊어질 것이다.

그런데 우리나라는 취업 준비까지 공부하고 이후에는 공부하지 않는다. 수불석권이 필요한 이유다. 그래야 서로 이야기를 나눌 수 있다. 이야기를 나누지 않는 사이들은 오래가지 못한다.

세상을 보는 눈은 지속적으로 뜨고 있어야 한다. 대학 시절 어느 선생님께서 그림 슬라이드로 한 장을 띄워 놓고 3시간 동안 수업을 진행한 일이 있었다. 수업 중간중간에 선생님은 계속 "학생들, 눈을 뜨게", "학생들, 눈을 뜨고 여기에 무엇이 있는

가 보게"라고 말씀하셨다. 당시 그 수업 시간의 학생들은 졸지 않고 눈을 뜨고 있었다. 그런데도 눈을 뜨고 그림 속에 담겨 있는 역사와 사상, 문화를 읽어보라고 일침을 놓았다. 그러면서 관련 책과 논문 등을 소개해주었다.

선생과 제자가 함께 영화를 보고, 함께 책을 읽고, 함께 이야기를 나누는 세상이 왔으면 좋겠다. 잠시 입시로부터 한 발짝 물러나 '함께'하는 시간을, 공유하는 시간을 가져보기 바란다.

## 05
# 몸을 움직이며, 운동으로 소통하다

학교에서 남학생들에게 축구는 절대적이다. 아니 남자들에게 축구는 어린 학생 때부터 군대를 거쳐 성인이 되어도 가장 사랑 받는 운동 중 하나일 것이다. 나도 축구를 좋아한다. 축구가 없었다면 어린 시절을 어떻게 지냈을까 싶다. 이렇게 이야기할 만큼 축구는 나에게 아주 많은 영향을 주었다. 스트레스를 해소할 수 있는 거의 유일한 방법이었다. 학교 운동장에 인원이 모자라는 팀에 포함되어서 축구를 하기도 하고, 혼자서도 공을 차곤 한다.

내가 근무하는 학교는 운동장이 작아서 9명씩 팀을 짜서 9:9로 축구를 한다. 3학년 체육 수업 시간에 체육 교사가 남학생들에게 축구할 기회를 주기도 한다. 교무실에서 이 광경이 보이면 바로 운동장으로 튀어 나간다. 체육 교사에게 허락을 받고 아이들 무리에 끼어 공을 열심히 차고 있으면, 교감 선생님으로부터 남의 수업 시간을 방해하지 말라고 꾸중을 듣는 게 한두 번 있는 일은 아니었다.

내가 수업에 들어가는 반의 체육 시간은 거의 파악해놓았다. 그래서 축구하는 시간이면 은근히 기다린다. 공강 시간에 축구하는 아이들의 모습을 보면 내 본능을 자극하게 된다. 그러다 보니 이제는 내가 체육 수업 중에 나가서 아이들과 공을 차는 것은 당연하게 생각하는지 아무도 말리지 않는다. 비약하자면 아이들 중에는 학교에 공부하러 오는 게 아니라 축구하러 등교하는 아이도 있을 정도다.

점심시간에도 점심은 후다닥 해치우고 반별 대항이나 문이과 대항 축구를 어느라 남학생들은 여념이 없다. 기회가 있으면 축구에 목숨을 건다.

야간 자주 학습(야간 자율 학습) 시 석식 후 하는 축구는 3학년 담임을 할 때 주로 이용했던 축구 시간이다. 석식 종이 울리면 10분 정도 밥을 먹고 40~50분간 축구를 한다. 이 시간에는 야간 자주 학습에 남아서 공부를 하는 학생이면 누구나 참여

할 수 있다. 어떨 때는 좁은 운동장에 40명이 모여서 공을 차기도 한다.

이렇게 석식 축구를 하고 야간 자주 학습을 하면 공부도 잘되고 집중력도 높아진다고 확신한다. 운동과 뇌 관련 논문이나 글을 찾다가 『운동화 신은 뇌: 뇌를 젊어지게 하는 놀라운 운동의 비밀』(녹색지팡이, 2009)이라는 책을 접하게 되었다. 내가 말하고 싶었던 이야기가 이 책에 있었다.

저자인 존 레이티John J. Ratey와 에릭 헤이거먼Eric Hagerman은 과학자들의 논문과 신경 정신과 의사로서의 경험에 기초한 자료들을 근거로 운동이 신체적 건강을 넘어 뇌 건강, 즉 인간의 학습 능력과 정신 건강에도 큰 영향을 끼친다는 사실을 밝히고 있다.

특히 두 저자는 아침 운동을 강조했다. 1만 9,000명의 학생들을 미국에서 가장 건강한 청소년으로 만든 네이퍼 빌 센트럴 고등학교의 사례를 보자. 0교시에 전교생이 1.6킬로미터를 달리는 수업을 하고 다음 수업은 어렵고 머리를 많이 써야 하는 과목을 배치했다. 전국에서 성적이 하위권이던 이 고등학교는 전 세계 과학 평가에서 1위, 수학 과목에서 6위를 차지했다.

하버드 대학 정신과 존 레이티 교수의 실험 결과 중 하나다.

운동을 하고 나서 공부를 하면 더 잘되는 결과가 나왔다. 즉 이른 아침에 달리기를 하고 나면 이해력과 문장 읽기 능력 등이 향상되는 것이다. 이처럼 운동은 학업에 매우 좋은 영향을 끼친다고 할 수 있다.

이 책은 학습 능력에 운동이 끼치는 영향을 탐구해 많은 학부모의 관심을 끌었다. 그런 놀라운 변화가 가능하다면 우리 아이들이 다니는 학교에도 당장 도입했으면 좋겠다. 이 책이 발간되고 존 레이티 교수가 우리나라를 방문한 후 매일 체육 수업을 하는 학교도 생겨났다. 나도 대찬성이다.

여름 방학을 앞둔 어느 날, 석식 축구를 하고 운동장 옆에서 한 녀석에게 체육 대학을 권했다. 우리 반 아이는 아니지만 체대에 진학해 경영을 부전공으로 선택하고 체육경영으로 진로를 잡으면 어떻겠느냐고 권했다. 병준이는 체대 관련 진로 이야기는 처음 들었다고 한다. 한번 생각해보겠다더니 재능이 있어서 학원도 다니지 않고, 취미와 적성에 맞게 체육교육과에 진학하게 되었다.

축구하는 아이들 중 체육 쪽으로 진로를 결정하는 경우가 적지 않다.

축구를 하면 여러 가지 일이 발생한다. 한번은 석식 축구를 하다가 넘어진 현성이의 팔꿈치에서 피가 흐르고 있었다. 넘어지면서 작은 돌에 부딪쳤나 보다. 응급실에서 다섯 바늘인가 일곱 바늘 정도 꿰매는 것으로 마무리되었다. 다행히 뼈에는 이상이 없었다. 그러나 현성이는 일주일이 지나기도 전에 또 축구를 하고 있었다.

현성이는 몇 년이 지나도 내가 했던 농담을 가지고 아직도 골려먹는다. 학생이 다쳐서 피를 흘리는데 "모래를 뿌리라는 선생님이 어디 있느냐"고 야단이다.

나도 부상을 입은 적이 있다. 7교시 체육 수업 시간 중에 체육 교사에게 허락을 받아 축구를 하다가 승환이가 공을 머리로 받아야 하는데 내 코를 받은 것이다. 순간 코를 만져보니 코가 조금 돌아가고 코피가 꽤 흐르고 있었다. 코뼈 끝이 부러진 것이다. 수술 날짜를 잡고 교감 선생님과 응급실을 나왔다.

수술하면 학교에 연가 신청도 하고 결근도 해야 하니 하지 않기로 했다. 3주가량이 지나도 코가 시큰거려 다른 병원에서 CT를 찍었다. 코끝이 부러진 것이 아니라 조금 위쪽 부분이 세토막이 났단다. 종합 병원에서 오진을 한 것이다. 어쩌나 했더니 의사는 뼈가 잘 붙어서 보기에 괜찮고, 나이도 있으니 그냥 살라고 농담한다. 듣던 중 반가운 소리였다. 수술을 안 해도 된다니 그냥 살기로 했다. 그래서 내 코를 자세히 보면 조금 옆으로 돌아가 있다.

축구로 맺어진 인연은 참 오래간다. 아직도 내가 축구를 하고 있는 것처럼 아이들도 내 나이가 되어도 공을 차고 있으면 한다.

나는 별명이 참 많다. 축구와의 인연으로 유명인의 이름을 붙여서 불러주는 별명도 있다. 내 이름을 가져가 '리틀 찬수'도 만든다. 몇 명의 '리틀 찬수'는 머리도 좋고 축구도 잘하고 예의도 바르다. 이놈들은 무조건 앞으로 잘될 것이다.

앞에서 이야기한 것처럼 나는 아이들과 축구로 만난다. 어떤 교사는 농구로 만나고, 어떤 교사는 수다를 떨면서 만나고, 어떤 교사는 타로 점을 보는 것으로 아이들을 만난다. 심지어 어떤 교사는 손금을 보는 것으로 아이들을 만날 수도 있다. 또 어떤 교사는 공기놀이로 만나고, 또 어떤 교사는 관상을 보는 것으로 아이들과 소통할 수 있다. 아무튼 교사 각자만의 무기를 만들어 아이들과 '소통'하면 좋겠다.

# 담임쌤으로 만난 고마운 아이들

요사이 퇴직을 몇 년 앞두고 마지막으로 담임을 하게 될지도 모른다는 생각을 자주 했다. 그래도 아직은 담임을 맡으면 아이들과 어울릴 수 있어 다행이다.

나는 고3 담임을 주로 맡는다. 1~2학년 때 선배들로부터 소문(?)을 듣고 올라온 고3 학생들은 1년간 학급 행사나 활동을 익히 알고 있어 학급을 운영하는 데 큰 어려움이 없다.

2016년, 교직 생활을 한 이후 처음 고등학교 2학년 담임을 맡았다. 3학년만 담임하다 2학년을 맡으니 조금 어색했다. 고3 아이들과 진행해오던 여러 프로그램을 고2 아이들과 하려니 생각보다 부담되었다. 게다가 학급 활동이나 행사를 하고 싶어도 주말에는 학원에 가야 하는 아이들이 적지 않았다. 막상 프로그램을 할라치면 반응 속도가 3학년에 비해 조금 늦었다.

2017년, 1학년 담임을 처음 맡았다. 아이들은 내가 연배가 좀 있다 보니 별로 좋아하지 않았다. 그럴 만도 하다. 나이 먹은 사람에게 가지는 일반적인 부담이었을 것이다. 1학기를 지나고 나니 이제는 조금 알게 되었는지 엉겨온다.

서로를 알아가는 시간이 좀 더 많이 걸렸다. 아이들에게 1년의 차이는 생각보다 참 컸다. 아이들 각자의 특성도 다르지만 나이에 따라 다르다는 것을 새삼 느끼는 계기가 되었다. 한참 성장하는 시기의 1년이 이렇게 다른가 싶다. 축구를 하더라도 1학년은 속도나 힘에서 2~3학년과 확연히 다르다.

이렇게 서로 다른 아이들이다. 1학년 학생들은 2~3학년 학생들에 비해 좀 더 많은 관심과 정성을 쏟아야 한다. 진로 문제나 친구 문제, 진학 문제뿐 아니라 중학생 티를 벗지 못해서인지 자신만을 생각하고 배려하는 마음이 조금 부족하다.

예를 들면 하프 마라톤을 하더라도 2~3학년은 중도에 포기하지 않고 끝까지 완주했다. 그런데 1학년은 중도에 포기하는 경우가 속출했다. 대회 주최 측에서 시간이 너무 늦어져 중간에 힘든 아이들을 차에 태워주겠다고 하니 유혹을 이기지 못한 것이다. 2~3학년에게는 없었던 일이라 의아하고 아쉬웠다.

지금까지 담임을 하면서 예능반과 체육취업반 아이들을 담임했을 때가 가장 인상 깊었다. 예능반 아이들의 담임을 하면 많은 교사가 힘들어한다. 학급에 예능을 전공하는 아이들이 있으면 대개의 교사들은 힘들어하는 반면 나는 오히려 좋았다. 예능반 아이들은 3학년이 되면 실기에 치중하게 되어 학교생활이 조금 느슨하기도 하고 불성실하기도 한다. 그래서 어렵다는 이야기를 하는 것 같다.

예능반(음악 또는 미술 전공) 아이들을 처음 만나는 자리에서 예능 하는 사람들의 특성과 천재성을 강조하고 여러분을 존경한다는 이야기를 해준다. 실제로 그렇게 생각한다. 도화지 한 장에 세상을 집어넣고 담아낸다는 것은 나 같은 보통 사람이 할 수 있는 일이 아니다. 오선지 위에 세상의 소리를 그려내고 표현한다는 것도 마찬가지다. 나에게 불가능한 일이기에 이것에 대한 나의 생각으로 아이들과 소통한다.

예능 하는 사람들에게는 열정이 있다. 열정이 있는 사람은 공부할 때도 집중력이 좋아 몰입을 잘한다. 표현력 또한 자유롭고 자신이 좋아하고 알고 있는 것보다 더 많은 것을 표현할 수 있는 창조력도 가지고 있다. 인내심이 강하여 정해놓은 목표까지 달성하는 목표 의식도 강하다.

예를 들어 캔버스에 그림을 그리다 잘못되면 찢고 다시 그리고 또 찢기를 반복하다 하루를 보낸다. 시간이 가는 줄도 모르고 이렇게 반복한다. 배가 고파 잠시 짬을 내어 밥을 먹고 또 그림을 그린다. 이렇게 반복하다 보면 며칠이 훌쩍 지나가 있다.

여러분의 집중력과 몰입을 나는 누구보다 잘 알고 있다. 1년간 내가 여러분에게 많은 것을 배우겠다. 잘 부탁한다.

그렇다. 학교에서 인정받지 못하고 다루기 어렵다는 이야기를 들으며 자라온 아이들은 뿌듯한가 보다. 내 앞에서 왠지 모르게 어깨에 힘이 들어간다. 목소리도 커진다. 나는 이런 순진하고 천재성을 지니고 있는 예능반 아이들이 자랑스럽다. 수업이 끝나면 예능반 아이들은 당시에 야간 자주 학습이 없기 때문에 몰려다녔다.

예능 학원의 선생님을 만나 아이가 그려놓은 그림을 감상도 하고 재능도 알게 되었다. 사실 내가 유명 학원 강사 출신이고 학원 대선배라서 학원에 가면 꽤 대접을 받는다.

음악 레슨이 있는 곳에도 구경 갔다. 나는 목소리를 광대뼈가 있는 곳으로 낸다는 것을 이때 처음 알았다. 개인 지도 하는 교수가 아이에게 "너는 여기(광대뼈가 있는 곳)로 왜 소리가 나오지 않느냐?"고 야단친다. 놀라웠다. 성악이 결코 쉬운 게 아니었다.

이렇게 2년간 예능반 담임을 하면서 천재들과 행복한 시간을 보냈다. 이후에 예능반은 예능 과목 담당 교사가 담임해야 한다고 해서 아쉽게 담임을 그만두고, 체육취업반이 만들어져서 체육취업반 담임을 맡았다.

체육취업반 담임을 하면서 아이들이 학교에 오면 잠자고 하교하는 것 같아 위탁 교육 제도를 이용해보기로 했다. 일단 4명을 위탁 교육을 보냈고 매주 한 번씩 위탁 교육 기관에 찾아가 점심을 같이 먹곤 했다. 4명 모두 우수한 성적으로 대학에 진학했다. 학교에서 잠만 자던 녀석이 외부에서 자격증을 4개나 취득했던 것이다.

그때 아이들이 벌써 서른에 접어들었다. 당시 위탁 교육을 받을 때 일주일마다 점심 메뉴 고르기가 어려웠고, 내가 시간이 없어 위탁 기관에 들르지 않는 날은 못내 아쉬웠단다. 위탁 교육을 보내줘서 고맙다는 말도 잊지 않는다. 그럴 때마다 너희들이 열심히 해서 그렇게 된 것이라고 말해준다. 아무리 내가 하라고 했어도 너희가 하지 않을 수도 있었는데 열심히 해줘서 고맙다고 말이다. 그동안 학교가 교육 제도가 이런 아이들을 챙기지 못하고, 관심을 가지지 못했음을 알고 개선했으면 한다.

우리 반 아이들은 지각과 조퇴, 결석을 잘 하지 않는다. 주변 교사들은 강하게 아이들을 다루어서 그렇다고 농담을 던지곤 한다. 비법이 있다. 나는 아이들보다 30분 전에 교실에 온다. 아이들이 오면 하나하나 인사하고 맞이한다.

아이들의 표정과 몸짓을 통해 그들을 본다. 기분 상태가 어떤지, 몸 상태는 어떤지 점검하는 것이다. 어떤 아이는 등교하면서 화장품을 꺼내 화장실로 향한다. 이제는 화장을 교실에서도 한다. 이 모습을 보면서 아이들의 특성을 하나씩 알아가게 된다.

첫 일주일 동안의 교실 청소와 주변은 혼자서 한다. 시범을 보이기 위해서다. 교실 청소도 내가 자주한다. 칠판은 항상 깨끗해야 한다. 교사들이 교실에 들어와 수업할 수 있는 최소한의 분위기를 만들어주어야 한다.

수업이 끝나면 아이들이 있는 곳은 어디에나 곁에 있다. 하루 일과가 끝나도 아이들의 동선을 파악하고 있다. 오늘 힘들어했던 녀석이 있으면 전화하거나 찾아간다. 잘못하면 편애한다는 이야기를 듣게 되니 조심하지만 1년이 지나면 다 안다. 자신들에게도 그렇게 했기 때문에 선생님이 친구들과 어떻게 만나고 있는지 말이다.

교사는 학교 안에서나 밖에서나 언제나 교사여야 한다. 그래서 행동을 더욱 조심해야 한다. 마트에도 백화점에도 영화관에도 길을 걸을 때도 내 아이들이 있기에 항상 교사의 삶을 살아가야 한다.

**북 큐레이션** • 아이를 똑똑하고 건강하게 키우고 싶은 엄마와 아빠가 『어른이 되기 전 꼭 배워야 할 인성 수업』과 함께 읽으면 좋은 책

## 내 아이 4차 산업 혁명 시대의 인재로 키우기

이정숙 지음 | 13,800원

**AI, IoT, 빅데이터와 함께 살아갈 인재를 만드는 공부법, 생각법, 인성 교육법**

4차 산업 혁명 시대 인재 육성을 위한 자녀교육서다. 30년 넘게 학원 원장으로 교육 현장에서 아이들과 함께한 저자의 노하우가 집약되어 있으며, 교육학 박사로서 미래 교육의 흐름인 4차 산업 혁명 시대를 강조하고 예측하며 이에 맞는 공부 방향을 제시했다. 효과적인 사춘기 시절을 보내는 방법, 사춘기 아이 독려 방법, 창의력 계발 방법, 자기 관리법 등을 소개한다.

## 여섯 살, 미술 공부를 시작할 나이

이유미 지음 | 13,800원

**말하고 표현하고 만지고 느끼는 법을 알려주는 창의 미술교육 교과서**

이 책은 남해의 작은 마을에서 원생 두 명으로 시작한 미술교육원이 원아 300명의 큰 규모로 성장시킨 저자의 개인 맞춤형 미술교육 철학을 담고 있다. 미술교육의 방법론뿐만 아니라 미술교육의 가치를 알림으로써 아이들이 주도적으로 행복한 삶을 이끌어줄 소통법도 소개한다. 일회성 교육이 아니라 표현력, 어휘력, 기획력, 창의력까지 기르는 훌륭한 도구로 미술교육을 활용하는 법을 알 수 있다.